독일어 화용개요 II

독일어 낱말과 발음연습

여종문 저

ÜBUNGEN ZU DEN
DEUTSCHEN SPRECHLAUTEN
UND WÖRTERN

신아사

이 저술은 2012년도 전북대학교 학부교육선진화 지원사업(ACE)의 지원을 받아 집필되었음.

머리말

독일어 화용개요 II '독일어 낱말과 발음연습'에서는 독일어에 나타나는 음소와 음절 그리고 이들로 형성되는 독일어의 소리구성 원리와 이를 근간으로 구성되는 독일어 낱말의 형성원리를 언어화용관점에서 해석한다. 이를 통해 독일어가 어떻게 형성되는지에 대한 기초 확보는 물론 독일어 학습희망자의 기초화용능력 향상을 목적으로 한다.

이를 위해 1차적으로 독일어 소리규칙을 근간으로 독일어문자를 독일어소리로 전환하는 능력배양에 중점을 둔다. 이에는

① 독일어 소리의 발화위치-발화기관-발화방법에 따른 발화원칙의 이해,

② 발화된 독일어소리를 이해하고 이를 문자음절과 연계하는 원칙의 이해,

③ 소리음절과 문자음절 간의 상관관계와 그 의미구분 및 이해가 포함된다.

2차적으로는 원론적인 이해를 바탕으로 직접적인 독일어 화용능력 형성을 위한 활용연습에 중점을 둔다. 이에는

④ 문자음절을 소리음절로 전환하는 과정에서 정확한 발화를 고정하는 연습,

⑤ 발화음절을 스스로 검토하고 이들의 발화의미와 발화형태를 확대하는 연습,

⑥ 음절을 낱말로 확대-연계하고 낱말강세를 분할하는 연습,
⑦ 독일어 문자낱말 발화원리의 언어학적인 이해와 확대연습이 포함된다.

이 독일어 화용개요 II '독일어 낱말과 발음연습'을 통해 독일어 학습기회의 확대와 영어 학습의 영향을 받은 독일어 발음의 교정 그리고 의도된 독일어 학습자의 독일어 의사소통능력이 향상되기를 기대해본다.

2013년 2월
저자 여 종문

3. 독일어 음절과 낱말

4. 독일어 낱말

5. 낱말억양

1

[독일어소리]:
조음 및 분류, 표기

독일어 화용개요 II

독일어 낱말과 발음연습
Übungen zu den deutschen
Sprechlauten und Wörtern

1.1 조음

낱말은 언어의 기본구성요소다. 이들은 단지 입말이나 글말의 구성요소로서의 역할에 제한되는 것이 아니라, 의사소통과정을 통해 지식을 전달하는 중요한 역할을 한다. 이런 낱말은 언어적인 실현형태와 의미를 갖는다. 입말에서의 실현형태는 소리의 연속으로 글말에서는 문자의 연속으로 나타난다. 이런 소리와 문자의 연속으로 표현되는 언어형태의 규칙성을 연관의미와의 관련성을 중심으로 기술하는 것을 우리는 '문법'으로 이해한다.

독일어 낱말은 특정하게 고정된 도식에 의해서 형성되는 것은 아니라, 다양한 커뮤니티 내-외의 사회화와 일반화 과정을 거치면서 형성된다. 따라서 독일인들이 특정한 낱말을 듣게 되면, 그 낱말이 독일 토속어인지 외래어인지를 구분할 수 있다. 이는 독일어낱말 안에 내재된 소리들의 결합에 나타나는 소리형태의 규칙성 때문이다. 이런 사실에도 불구하고 낱말의 형성과정의 규칙성을 몇몇 특정한 도식으로 규정해서 설명하기는 쉽지 않다.

언어습득은 -특별한 경우를 언급하지 않는다면- 먼저 소리를 익힌 후 소리와 의미간의 관련성을 파악하는 과정을 갖게 된다. 때문에 소리와 의미와의 관계파악이 우선되는 현상을 보이고, 이를 바탕으로 낱말의 중의성을 이해한다. 이런 이해과정이 진행된 상태에서 문자를 기반으로 하는 읽기와 쓰기를 통한 2차적인 언어형태를 접하면서 소리를 통해 익힌 낱말의미를 시각을 통해 다시 확인하게 된다.

낱말에 나타나는 '소리'들은 1차 언어인 '입말의 구성요소'에 그리고 낱말에 나타나는 '문자', 즉 소리표기문자는 '글말의 구성요소'에 해당한다. 따라서 입말의 구성요소인 소리를 파악하고 정확히 실행하는 능력과 낱말에 나타나는 소리표기문자와의 관련성을 이해하는 것은 언어사용의 출발이라 할 수 있다.[1]

조음위치Artikulationsstelle와 조음기관Artikulationsorgan

조음위치는 움직이는 발음기관을 통해 나오는 기류가 방해를 받게 되는 위치로 이해하면 된다. 혀Zunge를 내밀어 윗입술Oberlippe에 대고 뒤쪽으로 천천히 이동하면 조음위치를 느낄 수 있다.

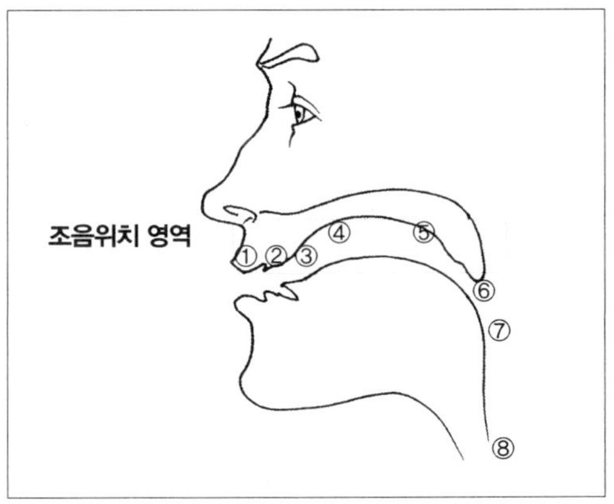

①윗입술을 시작으로 ②앞니obere Schneidezähne, 바로 뒤쪽의 볼록한 ③잇몸(치조/치경)Zahndamm, 이어 딱딱한 ④입천장(경구개)harter Gaumen, 혀를 더 이동하면 딱딱한 부분이 끝나고 주름살을 느낄 수 있는 ⑤부드러운 부

---

1 성인의 독일어 학습과정은 모국어 학습과정과는 다르다. 그래도 독일어를 의사소통 수단으로 사용하기 위한 첫걸음은 독일어의 소리를 파악하고 독일어에 나타나는 소리를 만들어내는 특징적인 방법을 정확히 실행하고 이를 표시하는 문자와 연계시키는 것으로부터 시작된다. 물론 학습자에 따라 어느 정도까지의 선문자-후소리(교정) 학습은 학습시간과 학습과정을 단축시킬 수 있는 장점이 있음에도 불구하고, 부정적인 효과가 크기 때문에 유념해야 한다(Yeo, 2005 참고).

분(연구개)weicher Gaumen을 느낄 수 있다. 그리고 거울을 보면서 입을 크게 벌리면 연구개 끝에 ⑥목젖Zäpfchen을 볼 수 있다. 이보다 더 깊은 곳에는 ⑦목구멍Rachen과 턱 아래쪽 목의 윗부분에서 느낄 수 있는 ⑧후두Kehlkopf가 조음위치에 해당한다. 이들 중 윗입술과 연구개의 끝부분과 목젖을 제외하고는 움직임이 없는 구강기관들이다.

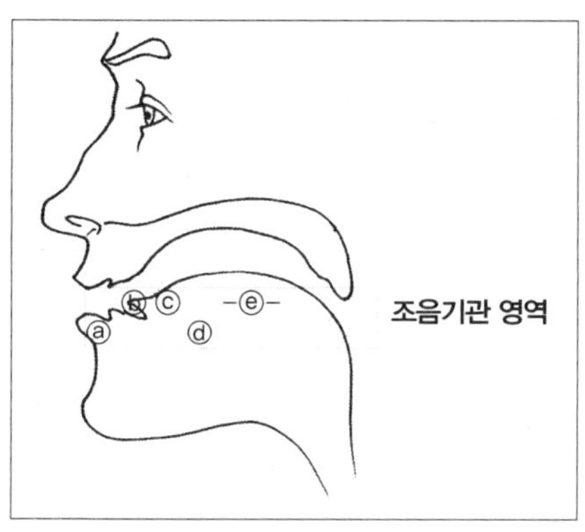

조음기관은 아랫입술Unterlippe과 입안Mundraum에서 움직이는 구강기관으로 이해할 수 있다. 언어소리 생성을 위해 사용하는 중요한 조음기관은 ⓐ아랫입술과 혀 그리고 목청Stimmlippen이다. 특히 혀는 혀의 ⓑ끝Zungenspitze과 ⓒ앞면Vorderzunge 및 ⓓ측면 그리고 ⓔ혓등 부분으로 구분한다. 언어소리의 특성은 조음기관을 조음위치에 접촉하거나 좁히거나 막는 행위과정을 통해 결정된다.

소리특성은 소리명칭을 통해서도 기술될 수 있는데, 조음위치와 조음기관에 따른 소리특성과 명칭의 관계는 다음과 같다.

조음위치	①윗입술	②윗앞니	③치조	④경구개	⑤연구개	⑥목젖
소리명칭	순음	치음	치조음	경구개음	연구개음	목젖음

조음기관	ⓐ아랫입술	ⓑ혀끝	ⓒ혀앞면	ⓓ혀측면	ⓔ혓등(전–중–후)
소리명칭	순음	설첨음	설전음	설측음	(전–중–후)설배음

조음기관들은 조음위치에 근접, 접촉 및 폐쇄를 통해 소리생성을 위한 발음기류를 조절한다. 조음기관은 인체구강구조상 모든 조음위치와 공조할 수는 없다. 예를 들어, 아랫입술을 윗입술 또는 윗 앞니와 접촉하여 좁은 공간을 형성하거나 차단하여 공기의 흐름을 조절할 수 있지만, 입술을 앞니의 뒷잇몸(치조)이나 입천장에 접촉시켜 언어소리를 생성할 수는 없다.

조음역할이 다양한 혀 또한 움직일 수 있는 영역 안에서 거의 모든 조음위치와 접촉 또는 좁은 공간을 형성하여 소리생성을 조정하지만, 혀 앞부분과 연구개와의 접촉을 통한 언어소리생성은 불가능하다. 이렇듯 신체구조와 조음을 위한 기관의 연관성은 특정한 소리생성을 쉽게 하는 한편, 어떤 소리생성을 제한하기도 한다.

아래 그림은 어느 조음위치에 어떤 조음기관이 공조하여 조음을 완성하는지를 보여준다.

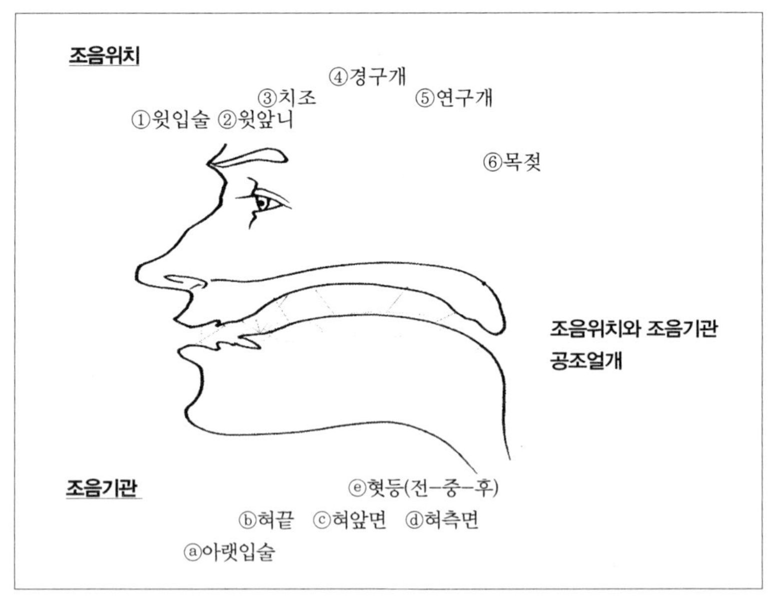

우리는 조음위치와 조음기관의 공조얼개를 바탕으로 다음과 같은 도표를 완성할 수 있다.

	조음위치	조음된 언어소리		조음기관		소리명칭
1	윗 입술	순음	순음	아랫입술	a	
2	윗 앞니	치음	설첨음	혀 끝	b	
3	치조/치경	치조/치경음	설전음	혀 앞면	c	(1–a)양순음
7	경구개	경구개음	설측음	혀 측면	d	(2–a)치순음
8	연구개	연구개음	설배음	혀 등	e	
9	목젖	목젖음	목청	목청	f	

위 표를 중심으로 독일어 입말소리의 명칭을 부여할 수 있다. 예를 들어, 조음기관 a인 아랫입술이 조음위치 1인 윗입술, 즉 양 입술이 내는 소리로 기술될 수 있고, 이 때문에 '양순음'이라 명명된다. 조음기관 a인 아랫입술이 조음위치 2인 윗앞니와 함께 내는 소리로 기술되고, '치순음'이라는 명칭이 부여될 수 있다.

언어소리의 명칭은 조음위치와 조음기관의 협동구조와 밀접하게 연관되지만, 기술관점에 따라 소리명칭들이 조음위치나 조음기관 중 특정한 하나영역에만 의존한 소리기술과 명칭선택이 이루어지기도 한다. 이는 개인의 조음습관에 따라 조음기관의 합성을 뚜렷하게 기술할 수 없기 때문으로 이해할 수도 있다.

변화가 다양한 혀를 통해 생성되는 언어소리인 모음소리의 경우는 혀의 조음위치에 따른 소리명칭이 주어지는 반면 자음소리들은 조음위치를 중심으로 기술되는 경향을 보인다. 예를 들어, '치조/치경-설(첨/전)음'의 경우, 조음위치인 치조와의 공조기관인 혀의 끝이나 혀의 앞면을 이용한 조음이 모두 가능하기 때문에 조음위치를 중심으로 '치조/치경음'이라 한다.

Übung 1

조음기관은 인체의 구강구조상 모든 조음위치와 공조할 수 없다는 자연현상을 근거로 가능한 소리조합을 아래 예시 화살표와 같이 구상하고 명칭을 부여해보자.

조음기관	언어소리			조음위치	소리기술 및 명칭의 예
아랫입술	순음	↘	순음	윗 입술	
혀 끝	설첨음		치음	윗 앞니	
혀 앞면	설전음		치조/치경음	치조/치경	순치음(치순음)
혀 측면	설측음		경구개음	경구개	
혀 등	설배음		연구개음	연구개	

조음방법Artikulationsmodus

조음방법은 언어소리가 어떻게 생성되는지에 대한 수단에 따른 분류를 의미한다. 특히 조음위치와 조음기관이 동일한 경우에도 다른 조음방법을 통해 다른 특성을 가진 소리가 조음될 수 있다. 예를 들어, 조음기관인 아랫입술이 조음위치인 윗입술과 함께 발음된 소리를 '양순음'이라 한다. 하지만 이 소리는 조음방법, 즉 어떤 수단/방법으로 생성되느냐에 따라 '(양순)비음'은 물론 '(양순)파열음'이 될 수도 있다. 따라서 조음수단인 구강열기, 비강열기, 구-비강 동시열기, 좁히기, 측면 좁히기, 차단/폐쇄하기, 차단/폐쇄-열림반복하기 등의 조음방법을 이해하고 구분할 수 있는 능력은 독일어소리의 특성을 정확하게 이해하는 초석이 된다.

구강열기

연구개 뒷부분과 여기에 연결된 목젖이 올라가고 이를 통해 기류가 비강으로 흐르는 것이 차단된 상태에서 소리를 형성을 위한 기류가 공명체 역할을 하는 입안에서 아무런 방해 없이 통과하면서 소리가 생성된다. 이렇게 생성된 소리를 구강공명음, **구강음**Oral이라 한다.

비강열기

연구개 뒷부분과 여기에 연결된 목젖을 함께 내려 기류가 구강으로 흐르는 것을 차단한다. 이때 소리형성을 위한 기류가 비강에서 공명하면서 나는 소리를 비강공명음, **비음**Nasal이라 한다.

비-구강 동시열기

기류가 구강으로 흐르는 것을 차단하는 상태에서 연구개 뒷부분과 여기에 연결된 목젖이 약간 오르면서 구강으로의 기류흐름을 허용하여 비강과 구강의 동시공명을 유도한다. 이를 통해 나는 소리를 구-비강 **동시공명음**이라 한다. 동시공명음은 순수한 독일어에서 보다는 외래어에서 주로 나타난다.

좁히기

조음기관을 조음위치로 이동하여 소리생성을 위한 기류통과영역을 좁게 하는 방법으로, 이를 통해 **마찰음**Frikativ이 생성된다. 이때 소리의 강도는 통과기류 강함과 약함의 정도 그리고 통과 영역의 넓고 좁음에 따라 결정된다.

측면 좁히기

치조/치경(위 앞니의 뒤쪽 잇몸)과 경구개(입안 상악천정의 딱딱한 부분)의 경계점 중앙에 혀의 끝을 포함한 혀의 앞부분이 접촉하여 윗부분을 폐쇄하고 혀의 한쪽이나 양쪽을 통해 어금니가 있는 부분으로 기류가 빠져나가면서 **측음**Seitenlaut/Lateral이 생성된다.

차단/폐쇄하기

조음기관을 특정한 조음위치에서 소리를 생성하는 기류를 차단/폐쇄했다가 막혔던 부분이 다시 열리면서 폭발하는 (폐쇄)**파열음**Plosiv이 생성된다. 이 소리들의 강도는 폐쇄의 긴장정도와 통과기류의 압력에 의해 결정된다.

차단/폐쇄–열림 반복하기

소리생성을 위한 기류의 차단과 열림의 반복과정을 통한 진동을 이용해서 소리가 생성되도록 한다. 이를 통해 **떨림음**Vibrant이 생성된다. 조음기관인 혀끝이 치조영역에서 그리고 혓등 후반부가 연구개영역에서 또는 목젖이 떨리면서 조음되는 특징을 갖는다. 특히, 차단-열림 과정에서 조음기관의 기류통과영역의 좁힘 정도와 시간변화를 통해 마찰음이 생성될 수도 있기 때문에 차단과 열림의 반복정도가 소리특성을 결정짓는 기준이 된다.

1.2 소리분류

표준 독일어에 빈번하게 나타나는 소리들(Duden, 2009:34-37)을 음소기호로 표기하면 다음과 같다.

/a, ɑ, ɐ, aɪ, aʊ, b, ç, x, d, e, ɛ, ə, f, ɡ, h, ɪ, i, j, k, l, m, n, ŋ, o, ɔ, ø, œ, ɔɪ, p, pf, r, s, ʃ, t, ʦ, ʧ, u, ʊ, ʋ, y, ʏ, z/

다른 언어에서도 사용되는 대부분의 소리들이 독일어에서도 사용되지만 독일어 특유의 소리들도 존재한다. 이런 특유한 소리는 다른 언어에서도 비슷하게 나타나는 소리들과 다른 조음위치와 조음기관 및 조음방법을 통해 구분된다.[2]

독일어에 나타나는 소리는 크게 통과기류가 조음위치와 조음기관의 방해를 받지 않거나 미약한 방해를 포함하는 조음방법에 의해 형성되는 공명음[Sonorant]과 구강을 통과하는 기류가 조음위치와 조음기관의 방해를 받으면서 생성되는 장애음[Obstruent]으로 분류될 수 있다.

장애음은 '차단/폐쇄하기'를 통해 생성된 (폐쇄)파열음[Plosiv] 그리고 '좁히기'를 통해 생성된 마찰음[Frikativ] 등으로 공명음은 비강과 구강의 열기와 닫기의 조합에 따라 모음, 비음, 측음[Lateral] 등으로 세분된다. 독일

2 언어소리형성에 대한 논의는 어렵게만 느껴진다. 하지만, 입말을 많이 접할 수 없는 환경에서 외국어를 배우는 상황에서의 언어소리에 대한 지식은 원활한 면-대-면 의사소통을 위해 절실하다. 풍부한 어휘능력과 언어지식에도 불구하고 실제 대화상황에서 원활하지 않은 의사소통 때문에 당황하는 이유의 대부분이 발음이 원만하지 않기 때문이라는 사실을 부인하지 않는다. 하지만 이런 현상이 소리생성을 위한 조음위치와 조음기관의 불일치 그리고 잘못된 조음방법에서 초래된다는 사실을 인정하는 사람은 많지 않다. 물론 -모국어를 배우는 것과 같이- 처음부터 언어소리를 중심으로 언어를 습득하면 좋겠지만, 문자를 중심으로 외국어를 습득해야 하는 상황에 있는 사람들에게는 소리생성원리와 그 소리생성을 위한 연습은 중요하다. 이런 지식은 외국어 습득은 물론 모국어를 포함한 언어를 이해하는 초석이 된다.

어소리는 여러 가지 방법으로 분류될 수 있다. 여기에서는 크게 공명음과 장애음으로 분류하고 이에 해당하는 소리를 구분하면 아래와 같다.

소리			예시
공명음	구강공명음	(모음)	[ɑ], [e], [i], [o], [u], [ɛ], [ø], [y]
	비(강공명)음	(자음)	[m], [n], [ŋ]
	(설)측음		[l]
장애음	마찰음		[f], [v], [s], [z]
	파열음		[p], [b], [t], [d], [k], [g]
	파찰음		[pf], [tʃ], [ts]

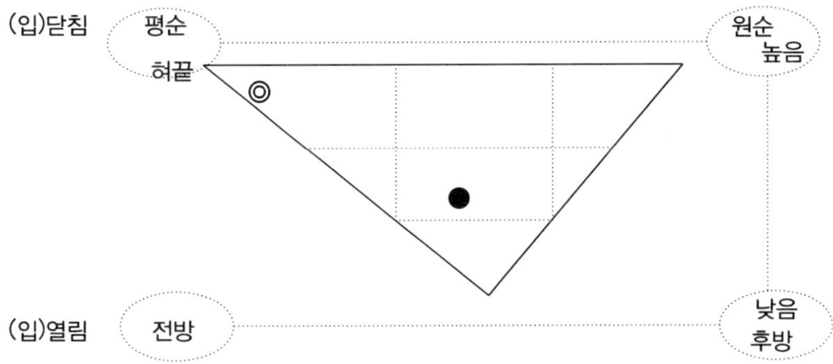

모음^Vokale

모음생성을 위한 중요한 조음기관은 입술과 입 그리고 혀와 성대로 그중에서도 혀는 구강의 공명공간의 모양형성에 결정적인 역할을 한다. 혀는 턱의 상-하 이동을 통해 구강의 크기, 열림과 닫침 및 그 모양을 다양하게 변형한다. 동시에 구강 안에서의 상-하 및 전-후 이동을 통해 생성될 모음소리의 특징을 결정한다. 이때 입술은 생물학적 자연형태인 타원^Oval형에서 원^Kreis/Zirkel형으로 변화하고 다시 돌아가는 과정을 통해 공명공간 형성을 돕는다.

혀와 턱 그리고 입술의 변화 및 그 변화과정은 셀 수 없이 다양하고, 이 때문에 다양한 모음생성을 가능하게 한다. 모음의 연속성을 이해하기 위해 모음조음기관인 입술-입-혀의 위치와 모양 그리고 모음발음을 위한 형태 및 변화를 구분하면 아래와 같다.[3]

모음기술에 관한 이해를 돕기 위해 조음기관인 입술(평순-원순)을 시작점으로 입의 모양 (닫침-열림) 그리고 혀의 위치/높이(전방-후방/높음-낮음/긴장-이완) 순으로 정리하면 다음과 같은 도표를 얻을 수 있다.

입술모양	입의 모양	혀의 위치	혀의 높이	생성된 모음
평순	닫침	전방	높음	
평순 〉 원순	중간	전방	중간	
평순〉중간〈원순	열림	중간	낮음	
평순 〈 원순	중간	후방	중간	
원순	닫침	후방	높음	

이 도표는 우리가 특정한 모음을 일상적인 언어로 어떻게 기술할 수 있는지를 보여준다. 예를 들어, 도표의 첫 번째 방법에 의해 표기될 모음은 우리가 '입술을 자연스럽게 하고(평순), 입은 거의 닫은 상태에서(닫침), 혀를 구강의 전방 높은 위치로(높음) 이동하여 발음하는 모음'으로 설명할 수 있다. 또한 위 표의 마지막에 설명된 모음의 경우에는, '입술을 동그랗게 하고(원순), 입은 닫은 상태에서(닫침), 혀를 구강의 뒤(후방)-높은 쪽으로(높음) 이동시켜 발음하는 소리'로 기술할 수 있다.

모음조음과정에서의 조음기관들의 결합이 상대적이기 때문에 모음의 특징만을 부각시켜 상대적 비교개념을 바탕으로 해당모음을 설명하기도 한다. 예를 들어, 원순모음의 상대개념으로 평순모음, 열린 모음의

3 여종문, 2012:19-25쪽 참고.

상대개념으로 닫힌 모음, 후설모음의 상대개념으로 전설모음, 낮은 모음의 상대개념으로 높은 모음 등으로 모음의 특징만으로 단순화하여 기술한다.

결과적으로 모음은 입 열림의 정도(열림-닫힘)와 입술모양(평순~원순) 그리고 혀의 위치(전-후 및 고-저)를 중심으로 기술된다. 기술관점에 따라 '열림-(중간)-닫힘'과 같은 (중간)개념을 사용하기도 하고, 혀의 위치에 따른 긴장과 이완정도를 추가로 포함하여 표시된다.

자음[Konsonanten]

독일어소리는 '구강공명음'인 모음과 그 이외의 언어소리인 '비강공명음' 그리고 '측음' 및 '장애음'으로 구분한다. 특히, '비강공명음'과 '측음' 및 '장애음'을 자음으로 분류한다.

비음과 측음을 제외한 독일어 자음은 장애음으로 분류할 수 있다. '장애음'은 소리생성기류가 방해를 받는 조음방법을 통해 생성되는 소리들로, 이 특성은 조음위치-조음기관의 명칭에 조음방법 그리고 소리(음)를 붙여 표시된다. '차단/폐쇄하기'를 이용한 조음방법으로 생성한 소리를 '(폐쇄)파열음', 그리고 '좁히기'를 통한 마찰을 유도해 생성한 소리를 '마찰음'이라 한다. 이에 더해 성대의 움직임여부를 '유성/무성음'으로 규정하여 다음과 같이 기술한다.

	조음위치	조음기관	조음방법	성대 움직임여부	생성된 언어소리
1	윗입술	아랫입술	차단/폐쇠	무성음	폐쇄음/파열음
2	윗입술	아랫입술	차단/폐쇠	유성음	폐쇄음/파열음
3	윗앞니	아랫입술	좁히기	무성음	마찰음
4	윗앞니	아랫입술	좁히기	유성음	마찰음
5	앞니뒤잇몸(치조)	혀앞면	차단/폐쇄	무성음	폐쇄음/파열음
6	앞니뒤잇몸(치조)	혀앞면	차단/폐쇄	유성음	폐쇄음/파열음

7	경구개	혀윗부분중간	좁히기	무성음	마찰음
8	연구개	혀윗부분뒤	차단/폐쇄	무성음	폐쇄음/파열음
9	연구개	혀윗부분뒤	차단/폐쇄	유성음	폐쇄음/파열음
10	연구개	혀윗부분뒤	좁히기	무성음	마찰음
11	목젖	목청/성문	좁히기	무성음	마찰음
12	앞니뒤잇몸(치조)	혀측면	측면좁히기	무/유성음	설측음

Übung 2

자음의 명칭은 기술관점에 따라 차이는 있지만 조음위치-조음기관-조음방법의 연관관계를 통해 부여된다. 아래의 도표를 중심으로 조합가능한 소리의 명칭을 구상해서 적어보자.

자음						**명칭**
조음기관–소리명칭		**조음위치–소리명칭**		**조음방법–소리명칭**		
아랫입술	순음	윗 입술	순음	비강열기	비음	
혀 끝	설첨음	윗 앞니	치음	좁히기	마찰음	
혀 앞면	설전음	치조/치경	치조/치경음	측면좁히기 차단하기	측음	
혀 측면	설측음	경구개	경구개음	차단–열림	파열음	
혀 등	설배음	연구개	연구개음	반복	떨림음	

1.3 표기문자

독일어소리들은 ‘국제음성/발음기호’(1938)와 ‘변별음성부호[Diakritisches Zeichen]’를 통해 일원화되기 전까지는 독일문자로 표기되었다. 그 과정에서 지역과 사회계층 그리고 교육정도에 따른 표기차이가 존재하고 (Maas,1992:2-11), 이런 문제는 아직도 독일어 정서법 제정과 조정 그리고 재조정을 위한 논의를 통해 일원화되어가는 과정에 있다.

명칭

독일어 소리를 표기하기 위해 독일어 문자의 명칭을 국제발음기호와 연관시키면 다음과 같다.[4]

A a (a),	H h (ha),	K k (ka),	V v (fau),	Ä ä (a-Umlaut)	
[a/ɑ],	[h],	[k],	[f],	[æ, ɛ]	
E e (e),	C c (tse),	D d (de),	G g (ge),	T t (te),	Z z (tset),
[e],	[c],	[d],	[g],	[t],	[ʦ/tˢ]
B b (be),	P p (pe),	W w (ve)			
[b],	[p],	[v],			
F f (ef),	L l (el),	M m (em),	N n (en),	R r (er),	S s (es)
[f],	[l],	[m],	[n],	[R],	[s, z]
I i (i),	X x (iks)				
[i],	[ks]				
O o (o),	J j (jot),	Ö ö(o-Umlaut)			
[o],	[j],	[ø]			

4 언어문자와 언어소리간의 관련성은 문자표시와 발음표시문자를 통해 설명된다. 즉, 어떤 문자가 어떻게 발음되는지 또는 어떻게 발음되는지에 따라 국제적으로 통용되는 소리기호를 사용해서 설명한다. 문자는 < >안에, 이들 문자의 발음표시는 [ ]안에 표시한다. 즉, 언어소리는 [ ]안에 그리고 그 표시문자는 < >안에 표기한다. ‘음소-자소-철자’와의 관계는 두덴(Duden, 2009;66-70)을 참고하기로 한다.

U u (u),	Q q(qu),	Ü ü(u-Umlaut)
[u],	[q],	[y]
Y y (ypsilon),	ß (estset)	
[j, i],	[ts]	

독일어 문자는 로마문자에서 차용한 문자와 <A, a>, <O, o>, <U, u> 등의 모음에 변모음“ ¨ ”Umlaut를 첨가해 <Ä ä>, <Ö ö>, <Ü ü>로 변형해서 그리고 그리스 문자에서 ßestset을 차용해 사용하고 있다. 최근의 독일어 정서법에는 <ß>의 사용을 <ss>로 대신하는 경향을 보인다.[5]

독일어 문자들은 대-소문자로 구분되어 사용된다. 독일어 문자는 모음과 자음(비음과 장애음)을 표시하는 문자들로 구분된다. 이 문자들의 명칭과 이들이 대표하는 소리들을 비교해보면 독일어 문자명칭에는 이들의 발음가가 내재되어 있음을, 특히 이들의 이름을 읽을 때 형성되는 특정한 입모양(조음위치-기관-방법)과 발음가들 사이에 연관성이 있음을 확인할 수 있다.

독일어 모음은 형태에 따라 단순모음과 복합모음 및 변형모음으로 구분된다. 이를 표시하는 문자와 국제음성기호Interantionales Phonetisches Alphabet와의 관련성은 아래와 같이 정리될 수 있다.

모음형태	독일어표기문자	국제음성기호 / / – [ ]
단(순)모음	〈a〉 〈e〉 〈i〉 〈o〉 〈u〉	/a/ - [a, ɑ, ɑː] /e/ - [e, eː, ɛ, ɛː, ə] /i/ - [i, ɪ, iː] /o/ - [o, oː, ɔ] /u/ - [u, uː, ʊ]

5 독일어에서 문자 <ß>는 장모음과 단모음 뒤에 구분없이 사용되고, 음절 또는 낱말의 마침, 경우에 따라서는 낱말어간을 표시하는 기능을 포함한다(Duden 1, 2004:81). 1996년 제안된 새로운 정서법에서는 이런 <ß>사용을 <ss>로 바꾸어 표기하도록 했다. http:www.rechtschreibrat.com 및 Duden 1, 242006:1161-1216 참고.

변(형)모음	〈ä〉 〈ö〉 〈ü〉	/æ/ - [ɛ, ɛː] /ø/ - [ø, øː, œ] /y/ - [y, yː, ʏ]
복(합)모음	〈ai〉 〈ei〉 〈ay〉 〈ey〉 〈au〉 〈eu〉 〈äu〉 〈oi〉 〈ou〉	/aɪ/ - [aɪ] /aʊ/ -[aʊ] /ɔɪ/ -[ɔɪ] /ɔʊ/ -[ɔʊ]

위 표에서 독일어문자와 소리표기문자인 국제음성기호 사이에 일대일대응관계가 형성되지 않는 것을 관찰할 수가 있다. 이는 독일어에서 -의미를 구분 또는 분화하는- 모음음소를 표기하거나 대응할 수 있는 표기문자의 숫자가 음소보다 적기 때문이다.[6]

모음표시문자는 단독 또는 다른 모음표시문자와 함께 입말모음의 길고 짧음과 강함과 약함뿐만 아니라, 소리영역인 음절(핵)을 표시한다. 또한 인간의 감정을 표시하는 연상기능은 물론 의성어를 표기하는 기능적 특성을 갖는다.

자연언어에서 **자음**은 독립된 상태로 소리를 실현하지 못하고 항상 모음과 함께 음가를 발현하는 소리단위(닿소리)로 이들은 음절의 핵심을 형성하는 모음의 전후에 위치하여 음절구성을 다양하게 한다. 독일

6 또한, 독일어 음소들이 발음환경에 따라 예를 들면 (순행, 역행, 상호)동화현상[Assimilation] 및 약화현상[Reduktion]을 보이기 때문에 모든 소리들을 문자로 표기할 수 없다. 이런 현상을 극복하기 위해 변화된 소리를 포함하는 음소를 사선괄호 / /안에 전체-개념적인 층위에서 대표값으로 표기하고, 개별적인 발화현상에 따른 언어소리를 네모괄호 [ ]안에 표시한다. 따라서 / /안에 표기된 소리는 관련된 모든 소리, 즉 여러 형태의 변이형을 포함할 수 있음을 포함한다. 반면, [ ]안에 표시된 소리표기는 언어에서 실현되는 실제소리/값을 표시한다.

어자음표시문자와 국제음성부호를 연계하면 다음과 같은 그림을 얻을 수 있다.

자음종류	독일어표기문자	국제음성기호 / /-[ ]
파열음	⟨p⟩ ⟨b⟩ ⟨t⟩ ⟨d⟩ ⟨k⟩ ⟨g⟩	/p/ - [p] /b/ - [b] /t/ - [t] /d/ - [d] /k/ - [k] /g/ - [g]
마찰음	⟨f⟩ ⟨v⟩ ⟨w⟩ ⟨s⟩ ⟨sch⟩ ⟨ch⟩	/f/ - [f] /v/ - [v] /s/ - [s] /z/ -[z] /ʃ/ - [ʃ] /ç/ - [ç] /x/ - [x]
설측음	⟨l⟩	/l/ - [l]
비음	⟨m⟩ ⟨n⟩ ⟨ng⟩	/m/ - [m] /n/ - [n] /ŋ/ - [ŋ]

위의 도표를 통해 독일어자음표시문자와 국제음성부호간의 관계는 모음표시문자의 대응관계보다는 비교적 명료함을 발견할 수 있다. 특히, 마찰음 /s/-[s]와 /z/-[z]가 문자 <s>로 표시(/s/-[s]; /z/-[z] ↦<s>)되거나, 마찰음인 /f/-[f]가 표시문자인 <f>와 <v>로 표시된 것(/f/-[f] ↦<f>,<v>) 그리고 언어소리인 /ç/-[ç]와 /x/-[x]가 문자 <ch>로 표시된 것(/ç/-[ç]; /x/-[x] ↦<ch>)을 제외한 모든 자음표기문자와 발음기호간의 일대일대응을 확인할 수 있다.

이 때문에 독일어의 자음표시문자는 국제음성기호가 동일하게 취급하는 경향이 있다. 하지만 일대일대응을 이루지 않는 자음표시문자는 다른 소리와의 결합 및 조음환경에 따라 전혀 다른 소리를 표시하기도

하기 때문에 특별한 주의를 요한다.[7]

Übung 3

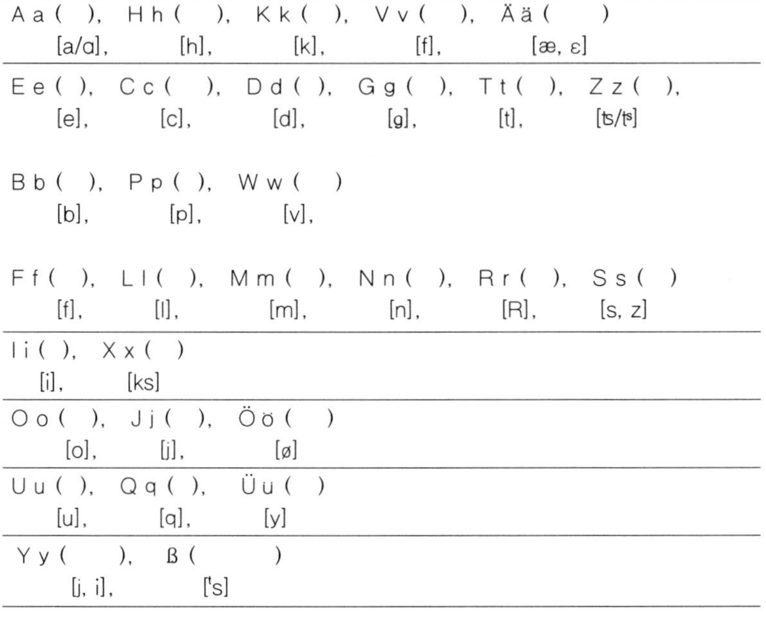

A a ( ), H h ( ), K k ( ), V v ( ), Ä ä ( ) [a/ɑ], [h], [k], [f], [æ, ɛ]
E e ( ), C c ( ), D d ( ), G g ( ), T t ( ), Z z ( ), [e], [c], [d], [g], [t], [ʦ/ʦ] B b ( ), P p ( ), W w ( ) [b], [p], [v], F f ( ), L l ( ), M m ( ), N n ( ), R r ( ), S s ( ) [f], [l], [m], [n], [R], [s, z]
I i ( ), X x ( ) [i], [ks]
O o ( ), J j ( ), Ö ö ( ) [o], [j], [ø]
U u ( ), Q q ( ), Ü ü ( ) [u], [q], [y]
Y y ( ), ß ( ) [j, i], [ˈs]

괄호 안에 독일어 문자의 명칭을 쓰고 해당되는 발음기호를 정확하게 읽어 보시오.

7 이에 관해서는 아래 주석 9), 10), 13)을 참조하기로 한다.

2

〈독일어소리표기문자〉와 [독일어소리]

독일어 화용개요 II

독일어 낱말과 발음연습

Übungen zu den deutschen Sprechlauten und Wörtern

독일어 문자들은 입말에 사용되는 소리 또는 여러 소리의 결합된 형태를 시각화하기 위해 사용된다. 문자들은 시간과 함께 사라져버리는 소리를 고정해서 사용자가 시간과 장소를 극복할 수 있게 하고, 문자해석능력을 보유한 사용자가 이를 다시 소리화해서 그 의미를 이해할 수 있도록 조정하는 역할을 한다.[8]

독일어에서 사용되는 문자들을 '국제발음기호' 그리고 독일어소리를 형성하는 '음절구조'(아래 '3. 독일어 음절과 낱말' 참고)와 관련지어 구분하여 정렬하면 다음과 같은 결과를 얻을 수 있다.

독일어문자		국제발음기호		
모음	자음	앞쪽	음절(핵) 강 – 약 – 복모음	뒷쪽
〈a〉			[ɑː] [a]	
〈aa〉			[ɑː]	
〈ah〉			[aː]	
〈ai〉			[aɪ]	
〈au〉			[aʊ]	
〈ay〉			[aɪ]	
〈ä〉			[ɛː]	
〈äh〉			[ɛː]	
〈äu〉			[ɔɪ]	
	〈b〉	[b]		[p]
	〈ch〉	[ç] [x] [k] [ʃ] [ʧ]		[ç] [x]
	〈chs〉			[ks]
	〈ck〉			[k]
	〈d〉	[d]		[t]
	〈dt〉			[t]

8 특정한 문자와 소리사이의 상호관련성에 대한 지식은 오랫동안 지식인들만의 능력으로 여겨져 왔다. 문자들을 소리화해서 표준화된 구술언어로 재현시킬 수 있는 것은 아직도 교육을 받은 사람들만의 능력이다.

독일어문자		국제발음기호		
모음	자음	앞쪽	음절(핵) 강 – 약 – 복모음	뒷쪽
⟨e⟩			[eː] [ɛ]	
⟨ee⟩			[eː]	
⟨eh⟩			[eː]	
⟨ei⟩			[aɪ]	
⟨eu⟩			[ɔɪ]	
⟨ey⟩			[aɪ]	
	⟨f⟩	[f]		
	⟨ff⟩			[f]
	⟨g⟩	[g]		[k] [ç]
	⟨h⟩	[h]		[ː]
⟨i⟩			[iː] [ɪ]	
⟨ie⟩			[iː]	
⟨ieh⟩			[iː]	
	⟨j⟩	[j] [ʒ] [dʒ]		
	⟨k⟩	[k]		[k]
	⟨l⟩	[l]		[l]
	⟨ll⟩			[l]
	⟨m⟩	[m]		[m]
	⟨mm⟩			[m]
	⟨n⟩	[n]		[n]
	⟨nn⟩			[n]
	⟨ng⟩			[ŋ]
	⟨nk⟩			[ŋk]
⟨o⟩			[oː] [ɔ]	
⟨oo⟩			[oː]	
⟨oh⟩			[oː]	
⟨ö⟩			[øː] [œ]	
⟨öh⟩			[øː]	
	⟨p⟩	[p]		[p]
	⟨pp⟩			[p]
	⟨ph⟩	[f]		[f]
	⟨qu⟩	[kv]		
	⟨r⟩	[R]		[R] [ɐ]
	⟨rr⟩			[R]
	⟨rh⟩	[R]		

독일어문자		국제발음기호		
모음	자음	앞쪽	음절(핵) 강 – 약 – 복모음	뒷쪽
	〈s〉 〈ss〉 〈sch〉	[z] [z̥] [ʃ]		[s] [s] [ʃ]
	〈ß〉			[s]
	〈t〉 〈tt〉 〈th〉	[t] [t]		[t] [t] [t]
〈u〉 〈uh〉			[uː] [ʊ] [u]	
〈ü〉 〈üh〉			[yː] [ʏ] [yː]	
	〈v〉	[v] [f] [v̥]		[f]
	〈w〉	[v] [v̥]		
	〈x〉	[ks]		[ks]
〈y〉			[yː] [ʏ]	
	〈z〉	[ʦ]		[ʦ]

여기에서 우리는 독일어의 특정한 소리를 표기하기 위해 단독문자가 사용되거나 여러 문자가 함께 사용되는 것을 확인할 수가 있다. 특히, 모음은 물론 장애음중 파열음과 마찰음을 표기하는 문자의 경우에는 한 특정한 문자나 문자조합으로 독일어의 여러 소리를 표기하고 있는 것을 볼 수 있다.

이런 현상은 다양한 언어소리를 표기하기 위해 사용되는 독일어문자가 제한되어 있기 때문이기도 하겠지만, 특정한 언어소리가 나타나는 환경에 따라 예를 들면 음절 핵을 표시하는 모음의 어디(앞 또는 뒤)에 오는가에 따라 변하는 독일어의 소리를 표기하기 때문이다. 따라서 문자를 통해 독일어소리를 재생해야 하는 우리의 관점에서 보면[9] 독일어

9 독일어소리의 생성은 독일어소리의 조음규칙을 아는 것으로부터 시작된다. 독

소리의 문자표기와 표기된 소리들이 어느 위치서 어떻게 변화하는지에 대한 이해가 필요하다.[10]

예를 들어 독일어소리인 모음[ɑ:]를 표기하기위해 문자 <a, aa, ah>, [ɛ:]의 경우 <ä, äh>, [e:]의 경우 <e, ee, eh>, [i:]는 <i, ie, ieh>, [o:]는 문자 <o, oo, oh>, [ø:]는 <ö, öh>, 모음 [u]는 <u, uh> 그리고 [y:]는 문자 <ü, üh>를 사용해 표기된다. 독일어의 자음을 표기하는 경우에도 <ff, ll, mm, nn, pp, ss, tt>, <ch, chs, ck, dt, ng, nk, sch, st, th> 등과 같이 동일한 또는 서로 다른 문자들이 중첩-연결되어 독일어 자음소리를 표기하기도 한다.

이렇게 동일하거나 또는 다른 문자와 함께 결합해서 나타나는 자음

일어소리 조음에 대한 지식부족은 독일어를 발음할 때 자신감을 잃고 우물우물 넘겨가는 발음형태로 이어질 수 있다. 이는 음절강세주기와 억양주기에서도 불안하게 이어진다. 잘못 연습된 독일어소리는 개념화/의미화 되어 두뇌에 기억되고,[Klangvorbild] 잘못된 조음과정을 통해 뇌에 저장된 소리는 연습량이 많으면 많을수록 교정이 어렵다. 이를 극복하기 위해서는 조음위치와 조음기관과의 공조 그리고 조음방법과 같은 조음규칙은 물론 독일어소리와 소리를 표기하는 문자와 문자조합과의 관계를 이해하고, 이에 대한 확신을 가질 수 있도록 연습해야 한다. 특히, 소리위치변화에 따른 조건적 동화현상과 말음법칙[Auslautverhärtung] 등과 같은 발음규칙, 음절모음의 긴장[gespannt]-이완[ungespannt] 및 장음[lang]과 단음[kurz]관계 그리고 음절강세 및 억양은 물론 강세 없는 끝음절에서의 모음약화현상[Apokope] 등과 같은 독일어소리생성규칙을 적용한 조음실행을 학습해야 한다.

10 지금까지 우리의 소리지식으로 발음하기가 쉽지 않은 예를 들어 <ä, ö, ü>와 <ch, chs, pf, qu, sch, ß, ts, tz, v, w, z> 등과 같이 독일어의 특징적인 소리를 표시하는 문자 및 문자조합에도 주의를 기울여야 하지만, 영어 학습을 통해 알고 있는 <a, e, i, o, u>, <b, d, g, f, s, m, n> 등과 같은 문자 또는 문자들의 위치에 따른 소리와의 연계 및 재생방법에 특별한 주의를 기울여야 한다. 독일어에 대한 사전지식이 없는 사람이 그렇지 않은 사람보다 정확한 독일어소리를 더 빠르게 익히고 동일한 연습량에서도 원어민이 더 잘 이해할 수 있는 독일어소리생성이 가능하다. 이런 현상은 독일어와 유사한 소리구조를 가진 모국어를 가진 사람보다도 독일어와는 전혀 다른 언어구조를 가진 모국어를 사용하는 사람들이 더 독일어다운 독일어소리를 사용하는 경우에서도 찾을 수 있다(Rausch/Rausch, 1995:46-51).

표시문자들은 모음표시문자의 중복사용과는 다른 경향을 보인다. 이런 경향을 특징적으로 정리하면 다음과 같은 비교가 가능하다.

독일어 모음이 길게 발음되는 경우를 문자로 표기할 때는

i 동일한 모음을 중복해서 사용하거나[11]
ii 모음표시문자 다음에 문자 ⟨h⟩를 첨가시킨다.
(단, ⟨i⟩의 경우에는 문자 ⟨e⟩를 첨가)

중복된 형태로 사용되는 자음표시문자들은

각 개별문자로 대표되는 여러 소리들의 결합을 표시하는 것이 아니라, 독일어의 특정한 소리를 표시하거나, 이들 앞에 나오는 모음이 짧을 수 있음을 표시한다.[12]

이와 같이 관찰 가능한 표기규칙들을 우리의 관점에서 '독일어에서 모음표기문자가 중복되어 나타나거나 모음표기문자 뒤에 <h>가 첨가

11 모음표시문자중첩 중에서 <ee>는 <Schnee, Tee, See, Fee>에서처럼 열린음절에 나타나고, 음절을 시각적으로 연장하는 기능을 한다. <aa>, <ee>, <oo>는 <Aal, Saal, Haar, Paar, scheel, Heer, Meer, Teer, leer, Moor>에서와 같이 <r>과 <l> 앞에서 나타난다. 또한 모음길이를 표시하는 <h>가 나타나는 경우에도 나타난다. 또한 <aa><ee><oo>는 <Staat, Saat, Maat, Beet, Boot>에서와 같이 <t> 앞에서 드물게는 <Aas, Moos>와 같이 <s>앞에서도 나타난다. 대부분 <t>와 <s>는 공명자음과 함께 복잡한 종성을 형성하고 또 아들 앞에 나오는 모음은 짧기 때문에 <t>와 <s> 앞의 중복모음에 유의해야 한다(Duden, 2009:74 및 아래 주석 20 참조).

12 언어소리분류에서 비공명음인 장애음을 파열음, 마찰음, 설측음으로 구분한다. 특히, 파열음과 마찰음이 결합하는 경우를 파찰음이라 한다. 독일어에는 [t]+[s]=[ts] <Zahn>, [t]+[ʃ]=[tʃ] <Matsch>, [p]+[f]=[pf] <Pferd> 등이 이에 속한다. 최근 독일어 정서법에서 <ss> 대신에 사용하던 <ß>를 제한하는 경향을 보이는데, 이에 기준을 두면 중첩 표기된 자음이 앞 모음의 짧음을 표시하는 기능의 일반화는 불가능하다. 예를 들어, <Fuß>-<Faß>의 경우처럼 장모음-단모음이 별도의 첨가문자 없이 표기되는 경우가 있기 때문에 일반화할 수 없는 어려움이 존재한다. 따라서 이런 경우는 별도 구분을 통해 분류하고 유의해야 한다.

되어 표기된 경우와 모음표기문자 <i> 다음에 <e>가 첨가되면 해당 모음을 길게 소리 내어 읽어야/(발음)해야 한다'는 규칙으로 해석할 수 있다.

독일어자음을 표기하는 문자들의 몇몇을 제외한 대부분은 국제음성기호에서 제시하는 해당기호와 일치하는 경향을 보인다. 하지만, 그 중 일부는 모음이 중심이 되는 음절 핵의 어느 부분에 접해서 나타나는지에 따라 전혀 다른 소리를 표기하기도 한다.[13]

자음표기문자인 <b, d, g>는 모음으로 표기되는 음절 핵 앞에서는 [b, d, g]를 표시하지만, 음절 핵 뒤에서는 소리 [p, t, k]를 표기한다.[Auslautverhärtung] 또한 <ch>는 음절 핵 앞에서는 [ç], [x], [k], [ʃ], [ʧ]와 같은 소리들을 표기하지만, 음절 핵 뒤에서는 <ch> 앞에 어떤 소리를 표시하는 문자, 즉 어떤 언어소리가 오는지에 따라 [ç]와 [x]만을 표기한다. 문자 <v>는 음절 핵 앞에서는 [v], [v] 및 [f]를 표기하지만 음절 핵 뒤에서는 언어소리 [f]만을 표기한다.

자음은 일반적으로 모음의 전-후에 위치하지만, 모든 자음들이 그런 것은 아니다. 자음표시문자인 <h, j, w> 등은 음절 핵의 앞에서만 나타나고 음절 핵의 뒤쪽에는 나타나지 않는다. 반면 <chs, ck, dt, ff, ng, nk, pp, rr, ss, ß, tt> 등은 음절 핵의 앞쪽에는 나타나지 않고 모음 뒤에만 나타난다.

---

13 언어소리의 생성원리와 독일어에 나타나는 언어소리를 표기하는 독일어문자와 국제음성부호와의 상관관계를 기반으로 우리의 관점에서 다음과 같은 결과를 유추할 수 있다. 1. 우리말과 비슷한 음가를 지닌 독일어소리를 표시하는 문자를 우리말 문자와 비교하여 우리말처럼 조음해서는 안 된다. 2. 영어교육을 통한 영어음가와 국제음성부호 사이에서 생성된 소리표기문자지식을 독일어음가를 표시하는 독일어문자와 동일시해서는 안 된다. 3. 언어소리를 생성할 때의 조음위치와 조음기관간의 불일치 그리고 적당하지 않은 조음방법 때문에 이해 가능한 발음이 불가능할 수도 있다. 4. 독일어 나타나는 특징적인 소리들을 표기하는 독일어문자를 통해 독일어 소리를 재구성할 수 있는 능력은 독일어 화용능력과 직결된다.

2.1 [독일어소리: 모음]-<모음표기문자>

독일어에는 [ɑ], [e], [i], [o], [u], [ɛ], [ø], [y]와 같은 단순모음이 사용된다. 이들을 표기하는 문자는 <a, e, i, o, u, ä, ö, ü> 등이다. 이들은 일대일대응관계를 갖는다.

모음	[ɑ]	[e]	[i]	[o]	[u]	[ɛ]	[ø]	[y]
문자	⟨a⟩	⟨e⟩	⟨i⟩	⟨o⟩	⟨u⟩	⟨ä⟩	⟨ö⟩	⟨ü⟩

아래 삼각형(모음삼각도)을 "혀"라고 가정하고 단순모음이 발음되는 사용되는 위치를 표시하면 대략 아래와 같다.

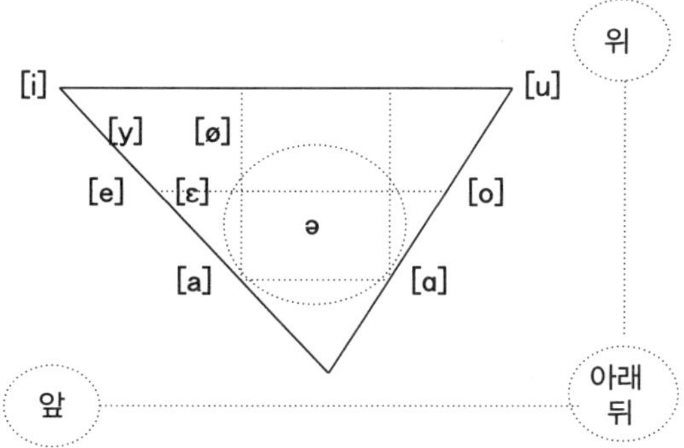

양성모음-음성모음

모음삼각도 Vokaldreieck 의 아래/뒤쪽에 나타나는 [ɑ, o, u] - <a, o, u>를 어두운(음성)모음, 그리고 앞/위쪽에 나타나는 [i, e, ɛ, ø, y] - <i, e, ä, ö, ü>와 같은 모음들을 밝은(양성)모음이라 한다.

양성모음	[i, e, ɛ, ø, y] - ⟨i, e, ä, ö, ü⟩
음성모음	[ɑ, o, u] - ⟨a, o, u⟩

양성모음과 음성모음의 구분은 자음표시문자를 다시 소리화(발음)할 때 밀접한 관련이 있다. 예를 들어 문자 <e, i, ä, ö, ü>로 나타내지는 양성모음 [i, e, æ, ø, y] 다음에 나오는 자음표시문자 <ch>, 즉 <i**ch**, Re**ch**t, Fä**ch**er, Kö**ch**e, nü**ch**tern>에서와 같은 환경에서의 <ch>는 [ç]로,[14] 낱말 <a**ch**, Da**ch**, Lo**ch**, Bu**ch**>에서와 같이 문자 <a, o, u>로 표시되는 음성모음 [ɑ, o, u] 다음에 문자 <ch>가 오는 환경에서는 [x]로 실현된다.

양성모음 + 〈ch〉 ⇒ [ç], 〈i**ch**, Re**ch**t, Fä**ch**er, Kö**ch**e, nu**ch**tern〉
음성모음 + 〈ch〉 ⇒ [x], 〈a**ch**, Da**ch**, Lo**ch**, Bu**ch**〉

긴장모음-이완모음

위의 모음삼각도 안에 원안에서의 혀의 움직임을 중심으로 대강 원 밖의 혀 위치에서 발음되는 모음을 긴장모음이라 하고, 원 주변에서의 혀 움직임으로 인해 조음되는 모음을 이완모음이라 한다. 이런 긴장-이완모음의 상대적인 대비를 모음의 길이(장-단)와 턱의 열린-닫친 정도(열림 정도)를 연계시키면 다음과 같은 결과를 얻을 수 있다(여종문, 2012:20-28, 54-55).

긴장 ↔ 이완		낱말예시	
길음 ↔ 짧음			
닫침 ↔ 열림			
[iː]	[ɪ]	[e]Miete	[e]Mitte
[yː]	[ʏ]	fuhlen	fullen
[uː]	[ʊ]	[r]Ruhm	[r]Rum
[eː]	[ɛ]	[s]Beet	[s]Bett
[øː]	[œ]	[e]Höhle	[e]Hölle
[oː]	[ɔ]	[s]Mol	[s]Moll
[ɑː]	[a]	[e]Bahn	[r]Bann

14 문자 <ch>가 자음 뒤에 나오는 경우와 특히 앞에 자음이 [l, ʁ, n]-<l, r, n>경우에는 <ch>가 음절의 앞에 나타나더라도 [ç]로 실현된다.

참고: 낱말들의 의미를 사전에서 찾게 되면 명사들은 남성, 여성, 중성 중에서 최소한 한 가지의 성을 갖는다(아래. 4.2.6 명사 참조) 도표에 나타나는 낱말 <^{r}Bann, ^{e}Miete, ^{s}Beet> 앞에 표시된 <^{r}, ^{e}, ^{s}>는 명사에 내재하는 명사의 세 가지 문법성, 즉 (문법)남성, (문법)여성 (문법)중성을 표시하는 관사 <der, die, das>를 의미한다. 특히, 명사가 가지는 문법성은 자연적 분류인 남성과 여성 그리고 그 외의 성으로 표현되는 중성과는 아무런 관련이 없는 것으로 이해해야 한다. 따라서 <^{r}Bann추방, ^{e}Miete임대료, ^{s}Beet화단>과 같이 자연의 성과는 전혀 관련이 없는 의미를 표시하면서도 명사에 내재하는 명사의 (남성-여성-중)성을 표시하기 위해 사용되는 관사 <der, die, das>를 함께 학습하는 습관을 갖는 것이 의미가 있다.

위 도표를 통해 긴장된 모음은 이완된 모음에 비해 길게 발음되고 입의 열림이 적음을 확인할 수 있다. 낱말예시는 동일한 모음을 표기하는 문자가 중복된 경우, 모음표시문자에 <h>가 첨가된 경우 그리고 모음표기문자 <i>에 모음표기문자 <e>가 첨가된 경우의 모음은 길게 발음되고, 자음표시가 중첩되는 경우의 문자들은 앞에 나오는 모음이 짧을 수 있음을 표시한다는 규칙을 유추할 수 있다.

Übung 4

각 낱말에 나타나는 모음 및 자음표시문자들을 (우선) 국제발음기호로 가상하고, 이들을 발음하는 것과 같은 방법으로 천천히 발음하고, 어색 또는 어려운 문자들에 밑줄을 긋고 그 이유를 적어보자.

낱말	가능한 반대의미/독일어	발음하기 어색함 또는 어려움의 이유
a-ber		
ach		
al-le		
als		
bald		
bis		
bloß		
Buch		
das		
dort		
durch		
e-ben		
elf		
erst		
Fach		
fast		
fort		
ganz		
ge-gen		
gern		
ge-nug		
ges-tern		
hal-lo		
hin-ter		
ich		
in		

낱말	가능한 반대의미/독일어	발음하기 어색함 또는 어려움의 이유
im-mer		
ja		
je-der		
jetzt		
lan-ge		
laut		
links		
los		
man		
mit		
mor-gen		
nach		
ne-ben		
noch		
nur		
oft		
Recht		
rechts		
sechs		
si-cher		
so		
sonst		
trotz		
um		
un-ser		
un-ten		
un-ter		
von		
vor		
wa-rum		
zu		
zu-erst		
zu-letzt		
zu-recht		

변모음

독일어 모음 [ɛ/æ], [ø], [y]는 문자 <ä, ö, ü>로 표기되는데, 이는 모음 <a, o, u>를 변화시켜 만든 모음이라 하여 변모음[Umlaut]이라 한다. 변모음은 모음인 [ɑ, e, i, o, u]-<a, e, i, o, u> 중에서 원래 전설모음인 [e]와 [i]를 제외한 [ɑ, o, u]-<a, o, u>가 혀의 앞(전설)에서 발음되는 언어음으로 이해하면 된다. 문자표기도 <ä, ö, ü>와 같은 표기가 불가능할 경우 아래와 같이 변모음을 표시한다.

〈ä = a + e〉, 〈ö = o + e〉, 〈ü = u + e〉

변모음들은 우리말의 '애호박'에서의 '애', '외가'에서의 '외' 및 '위장'에서의 '위' 등에 나타나는 <ㅐ, ㅚ, ㅟ>와 비슷한 소리들로 우리말에서는 복모음이지만, 독일어에서는 단모음이다. 이를 모음삼각도를 이용하여 관련된 소리와의 관계를 표시하면 다음과 같다.

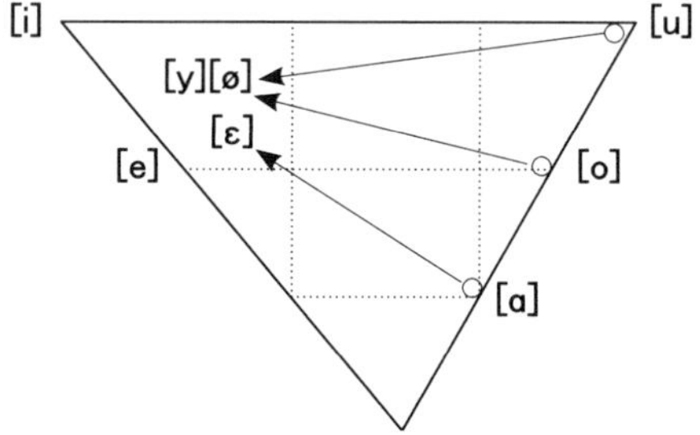

위 그림에서 모음 [ɑ], [o], [u]에서의 혀의 위치가 앞쪽으로 이동하면서 [ɛ], [ø], [y]로 변화하는 것을 관찰할 수 있다. 따라서 [ɛ], [ø], [y]를 입단침현상이 동반되는 단모음으로 이해할 수 있다. 이런 독일어 변모음들과 비슷한 우리말 모음들도 존재하지만, 이들의 발음환경, 즉 이 소리들 앞-뒤에 나타나는 소리들이 우리말에서와 사뭇 다르게 때문에 실제 독일어 화용상황에서 이런 소리들을 정확히 구현하기란 쉽지 않다. 따라서 조음환경에 따른 조음위치와 조음기관의 연동에 따른 세심한 주의가 요구되는 소리라고 할 수 있다.

Übung 5

다음 낱말들을 천천히 읽고, 발음하기 어려운 낱말이나 어색한 문자들에 밑줄을 긋고 그 이유를 생각해서 적어두자.

낱말	가능한 반대의미/독일어	발음하기 어색한 또는 편한 이유
ab-wärts		
auf-wärts		
Bü-cher		
dar-ü-ber		
für		
fünf		

낱말	가능한 반대의미/독일어	발음하기 어색한 또는 편한 이유
ge-gen-ü-ber		
Hän-de		
hö-her		
hö-ren		
längst		
näm-lich		
öf-ter		
plötz-lich		
ü-ber		
ü-ber-all		
ü-ber-haupt		
vor-wärts		
zwölf		

복모음

독일어에서 소리 [aɪ]는 문자 <ai, ei, ay, ey>, [ɔɪ]는 문자 <oi, eu, äu> 그리고 모음소리 [aʊ]는 <au>, 장모음소리 [i:]는 문자<ie, ieh> 등으로 표시된다.[15] 즉, 소리 [aɪ]는 문자조합 <ai/ei/ay/ey>를 통해서 또 [ɔɪ]는 <oi/eu/äu>를 그리고 [aʊ]는 <au> 등의 문자를 통해서 시각화된 것으로 이해될 수 있다. 이렇게 별도의 모음을 합해서 나타나는 모음소리를 복(합)모음[Diphthong]이라 한다.

토종 독일어에 나타나는 복모음의 형성방향은 아래 그림과 같이 요약될 수가 있다.

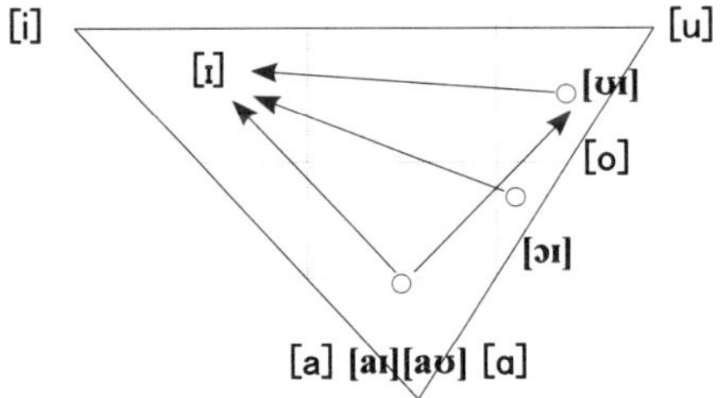

그림을 통해 복모음 형성과정에서 혀의 움직임을 살펴보면 [aɪ]와 [aʊ] 그리고 [ɔɪ]는 혀의 움직임이 아래에서 위쪽으로 움직이고 따라서 턱의 간격(입의 크기)가 큰 쪽에서 작은 쪽으로 이동하면서, 즉 입이 닫치면서 나는 소리로 이해할 수 있다. 그리고 첫 번째 모음이 두 번째 모음보다도 긴장정도가 더 강한 경향을 보인다. 이는 독일어 복모음의 운율특성을 결정하는 요소라고 볼 수 있다.[16] 이렇게 두 개의 짧은 모음이

15 이는 독일어 문자조합 <ai, ei, ay, ey>는 독일어 음소[Phonem]인 [ai]를 표기하기 위해 사용되는 문자소[Graphem]이고, <oi, eu, äu>는 [ɔi/ɔʏ]를 그리고 <ie, ieh>는 [i:]를 표기하기 위해 사용되는 조합문자소라고 다르게 표현할 수도 있다. 특히 한 음소를 다른 여러 문자소를 통해 표기하는 것을 변이표기[Allograph] 라고 한다.

16 예를 들어 <speziel, sozial, Union> 등과 같이 독일어에 정착된 외래어의 경우에는 이와

결합된 복모음은 다른 단순모음들과 마찬가지로 음절의 중심인 음절핵을 이룬다.[17]

독일어문자를 독일어소리로 전환해야하는 우리의 관점에서 보면, <ai/ei/ay/ey>, <oi/eu/äu>, <au> 등과 같이 모음이 중첩되어 나타나는 문자조합을 소리로 전환해야하는 경우에는 앞쪽 모음은 뒤쪽 모음보다는 강하게 뒤쪽 모음은 앞쪽 모음보다는 약하게 연이어 [aɪ], [ɔɪ], [aʊ]와 같이 소리냄으로서 독일어음가를 재현할 수가 있다.[18] 반면, [ʊɪ]는 혀의 뒤쪽에서 앞쪽으로 이동하면서 나는 복모음이기 때문에 다른 복모음처럼 닫친 복모음이 될 수 없고 원순모음에서 평순모음으로 이어지는 복모음 형태를 띤다고 파악할 수 있다.

우리의 관점에서 요약하면, 독일어의 복모음을 표시하는 문자 <ai, ei, ay, ey>는 [aɪ]로, <oi, eu, äu>는 [ɔɪ]로, <au>는 [aʊ]로 그리고 <ui>는 [ʊɪ]로 발음해야 함을 의미한다. 이는 복(합)모음을 표시하는 문자결합들이 원래 각각의 모음문자가 표시하는 소리들의 결합음가와는 다른 음가를 가질 수 있음을 의미한다. 예를 들어, 중복모음표시문자 <ei>와 <ay> 그리고 <ey>는 각각의 문자 <e> +<i>, <a> +<y> 그리고 <e>+<y>가 갖는 각각 소리가의 합이 아니라, 문자 <**ai**>가 갖는 음가와 동일한 [aɪ] 음가를 갖고 또한 문자 <eu>와 <äu> 역시 각 문자 표시 값의 합이 아니라, <**oi**>와 동일하게 [ɔɪ]로 이해하고 소리화해야 함을 의미한다.

반대로 혀가 위에서 아래쪽으로 움직이면서 즉, 입의 크기가 커지면서 조음되는 현상을 보인다. 이런 현상은 이들이 독일어에 정착된 외래어임을 파악할 수 있게 한다.

17 복모음의 일부를 개별모음으로 이해하는 경우에는 이완모음인 부분을 반모음[Halbvokale], 자음으로 이해하는 경우에는 경과음[Gleitlaute/Approximanten]으로 파악하고 음절의 시작부분과 끝부분에 속하는 것으로 분류하기도 한다.

18 독일어에서 문자조합 <ie, ieh>는 문자<i>-[i]를 길게 발음하면 표준화된 [iː] 음가에 접근하게 된다. 하지만 <Studie, Familie> 등에서와 같이 라틴어를 근간으로 하는 외래어의 경우에는 낱말 끝에 나타나는 <ie>는 <i>와 <e>로 따로 구분해서 [ie]로 발음해야 한다.

Übung 6

다음 낱말에 나타나는 모음의 종류를 구분해보자. 발음하기 어려운 낱말이나 발음하기 어색한 문자들에 밑줄을 긋고, 그 이유를 적어두자.

낱말	가능한 반대의미/독일어	발음하기 어색한 또는 편한 이유
auf		
aus		
aus-ein-an-der		
bei		
bei-de		
ein-zeln		

낱말	가능한 반대의미/독일어	발음하기 어색한 또는 편한 이유
häu-fen		
her-aus		
her-ein		
Heu		
heu-len		
heu-te		
hier		
hier-her		
hin-aus		
hin-ein		
kein		
kein-e		
kein-er		
keins		
mei-stens		
neun		
nie-mals		
seit		
sie-ben		

viel		
viel-e		
viel-leicht		
weil		
wie		
wie-der		
zu-viel		

장-단모음의 문자표기

독일어 모음의 장-단모음의 문자표기는 다음과 같이 요약될 수 있다.

표기문자	⟨a⟩	⟨e⟩	⟨i⟩	⟨o⟩	⟨u⟩	⟨ä⟩	⟨ö⟩	⟨ü⟩
장모음	[ɑː]	[eː]	[iː]	[oː]	[uː]	[ɛ/æ]	[ø]	[y]
단모음	[a]	[ɛ]	[ɪ]	[ɔ]	[ʊ]	[ɛ]	[œ]	[ʏ]

독일어 소리낱말에서 모음의 장-단은 낱말의미를 변화시키는 요인(위 2.1 [독일어소리: 모음]-<모음표기문자>의 긴장모음-이완모음 참조), 즉 낱말을 구분하는 의미요소로 작용한다. 그럼에도 불구하고, 위 도표는 독일어에서 한 특정모음을 표기하기 위한 표기문자가 존재하는 것이 아니라, 한 개의 표기문자가 독일어의 장모음과 단모음을 동시에 표기하고 있음을 다시 보여준다. 이 때문에 독일어에서 모음의 장단은 다양한 문자조합으로 나타나고, 또 이를 장-단에 따른 긴장-이완모음을 체계적으로 구분해서 일관적으로 파악하고 익히기란 쉽지 않다(Yeo, 2005:15-17).

이는 독일어 낱말과 음절에 나타나는 어간모음의 길이와 이에 따른 음소Phonem의 질Qualität과 양Quantität에 따라 서로 다른 소리들은 처음부터 각별히 유념해서 소리화하는 연습과 이를 통한 발음습관을 체화해야 함을 의미한다. 예를 들어, /a/-/ɑ:/ <bannt>-<bahnt>, /ɛ/-/ɛ:/ <schellen>-<schälen>와 같은 음소의 양에 따른 구분은 물론, /i:/-/ɪ/<Kiepe>-<Kippe>, /e:/-/ɛ/<Beet>-<Bett>, /u:/-/ʊ/ <spuken>-<spucken> 등과 같이 음소의 질과 양에 의해 대비쌍을 이루는 낱말들을 통해 나타나는 소리들을 구분할 수 있도록 연습해야 한다. 특히, 이미 의미를 알고 있는 낱말의 모음과 그들의 장-단 및 이에 해당하는 문자표시를 꼼꼼히 연습하는 습관이 필요하다.

Übung 7

이를 위해 아래 낱말 쌍을 읽어가면서 모음의 장-단을 표시하는 문자를 추정해서 밑줄을 치고 대비되는 모음을 찾아보자.

bie-ten - bit-ten	O-fen - of-fen
dam - Damm	Soh-le - sol-len
füh-len - fül-len	Sta-at - Stadt
He-er - Herr	Stahl - Stall
Höh-le - Höl-le	Star - starr
ih-nen - in-nen	steh-len - stel-len
Keh-le - Kel-le	wen - wenn
lahm - Lamm	wir - wirr
Mie-te - Mit-te	

장-단모음 표시규칙

위의 Übung 7에 제시된 낱말 쌍을 살펴보면 왼쪽 낱말들이 길게, 오른쪽 낱말들이 짧게 발음되는 모음을 표시하는 것을 파악할 수 있다. 비록 제한적인 예시들이긴 하지만 이를 통해 우리는 모음의 장-단이 특정한 문자조합을 통해 표시되어 있다는 사실과 두 가지의 모음 장-단표기 체계를 분석-추정하여 다음과 같이 정리할 수 있다.

1	**모음문자에 다른 문자를 이용한 직접표시를 통해 해당모음이 장모음임을 표시함** <aa, ee, ie, en, ar, er, ir, ah, eh, ih, oh, öh>
2	**모음문자 뒤에 중복자음을 통해 그 앞 모음이 단모음임을 표시함**[19] <dt, ll, rr, nn, mm, tt>

우리의 관점에서 보면, 특정한 모음문자 뒤에 <dt, ll, nn, mm, rr, tt> 등과 같이 자음이 겹쳐 나오면 앞 모음이 짧을 수 있다는 내용은 상대적으로 간략하다. 그럼 '장모음은 어떻게 표시될까?'라는 질문에 답하기 위해서는 약간의 관찰이 필요하게 된다. 우선 장모음을 표시하는 문자조합인 <aa, ee, ie, en, ar, er, ir, ah, eh, ih, oh, öh>를 조합특성을 관찰하고 나타나는 구분해보면 장음표시는

• <aa, ee>처럼 장모음표시가 동일한 모음문자로 중첩 표시된 경우[20]

19 언어학논의에서 동일자음철자중복은 그 앞 모음길이에 대한 표시가 아니라 음절구조, 즉 음절관절Silbengelenk과 관련이 있다(Duden4, 2009:77ff). 이를 달리 표현하면 '음관관절을 표시하는 동일중복자음은 단모음 뒤에서만 나타난다.' 이런 관점에서 보면 '중복자음을 통한 앞 모음의 장단표시는 부차적인 효과'로도 이해될 수 있다.

20 아이젠베르크은 모음표시문자가 중첩되어 나타나는 경우는 어차피 모음이 길게 발음되는 경우에만 가능하다. 따라서 중첩된 모음표기문자는 모음의 길이를 표시하는 것이 아니라, 읽기를 편하게 하거나 시각적인 음절길이의 균형을 맞추는데 목적이 있다고 한다. 그에 의하면 모음표시문자중첩 중에서 <ee>는 <Schnee, Tee, See, Fee>에서처럼 열린음절에 나타나고, 음절을 시각적으로 연장하는 기능을 한

- <ah, eh, ih, oh, öh>처럼 장모음표시가 문자 <h>첨가로 표시된 경우
- 장모음표시가 <ie>로 된 경우
- <en, ar, er, ir>처럼 장모음표시가 확실하지 않지만 길게 판단되는

경우로 등으로 분류할 수 있다. 이 분류를 위의 Übung 7에 제시된 낱말 쌍을 중심으로 빈도에 따라 그 특성을 재구분하면 아래와 같은 결과를 얻을 수 있다.

- 동일한 모음표시문자를 중첩한 장모음표시는 그리 많지 않고,
- 문자 <h>첨가 장모음표시는 동일모음문자중첩표기보다 빈번하다.
- 장모음표시문자 <i>가 <h>첨가로 표기되는 경우는 <ih-nen>에서만
- 장모음표시가 확실하지 않지만 길게 판단되는 경우의 대부분은 모음으로 끝나는 열린음절과 <m, n, l, r>과 같은 공명자음인 비음과 유음표시문자가 나타난다.

다. <aa>, <ee>, <oo>는 <Aal, Saal, Haar, Paar, scheel, Heer, Meer, Teer, leer, Moor>에서와 같이 <r>과 <l> 앞에서 나타난다. 또한 모음길이를 표시하는 <h>가 나타나는 경우에도 나타난다. 또한 <aa>, <ee>, <oo>는 <Staat, Saat, Maat, Beet, Boot>에서와 같이 <t> 앞에서 드물게는 <Aas, Moos>와 같이 <s>앞에서도 나타난다. 대부분 <t>와 <s>는 공명자음과 함께 복잡한 종성을 형성하고 또 아들 앞에 나오는 모음은 짧기 때문에 <t>와 <s> 앞의 중복모음에 유의해야 한다(Duden4, 2009: 74). 언어화용의 입장에서 보면 -언어이론 배경적 근거야 어떻든- 중복모음문자표기는 길게 소리화해야 한다. 하지만, <ii, uu>는 문자형태 때문에 반복해서 사용될 경우 독자가 시각적인 오류를 일으킬 우려가 있기 때문에(Duden4, 2009: 74) 또는 <i>와 <u>가 이미 <mein>과 <Haus>에서처럼 중복모음을 표기할 때에 이미 두 번째 성분으로서 기능을 점유하고 있기 때문에 중복 수용이 불가능하고 이 때문에 사용되지 않는다(Neef, 2005: 165)고 제시하고 있다. 또한, <ä>, <ö>, <ü>의 중복불용, 즉 <ää>, <öö>, <üü>의 '중복수용불가'에 대한 논의는 아직도 진행 중이다. 우리의 관점에서는 동일모음을 이용한 소리표기를 음절로 구분할 것인가에 대한 결단이 필요하게 된다. 이에 대해서는 아래의 '3.3 음절경계와 낱말의 음절구분, 음절경계와 경계변화'를 참조하기로 한다.

장모음의 특징

비슷한 발음환경에서 음절모음이 길고-짧게 발음되는 독일어 낱말 쌍들은 서로 다른 의미를 갖는다. 길게 발음되는 모음의 경우는 음절구조 또는 뒤따르는 자음의 유성정도와 밀접한 관련이 있음을 느낄 수 있음에도 불구하고 길게 발음되어야 하는 모음표시를 표시문자만으로 구분하기란 쉽지도 명확하지도 않다.[21] 우리는 이런 불명확성을 장모음표시 문자조합의 특징과 이에 해당하는 개별 낱말들의 예시를 통해 확인할 수 있는데 이를 요약하면 다음과 같다.

- <a, e, o>의 장음은 동일문자의 반복으로도 표시된다.

· A-al	· Wa-a-ge	· Schne-e
· Ha-ar	· Kle-e	· Bo-ot
· Ma-at	· le-er	· do-of
· Pa-ar	· Me-er	· Mo-os
· Sa-al	· Se-e	· Mo-or
· Sa-at	· Te-e	· Zo-o

하지만, <i>와 <u>의 중첩문자 <ii>, <uu>와 변형모음을 표기하는 문자 <ä>, <ö>, <ü>는 반복해서 표기되지 않는다(위 2.1 '[독일어소리: 모음] - <모음표기문자>, 장-단모음 표시규칙'의 각주 20 참조).

---

21 장모음과 단모음을 표시하는 모음문자표기의 특성을 이해하는 것은 독일어를 배우는 과정에서 반드시 극복해야 하는 문제를 해결하는데 도움을 줄 수 있다. 하지만, 이들을 모든 음절영역에 적용해서 일반화 할 수 없다. 특히 우리말에서 모음의 장-단을 통해 의미가 변화되는 낱말들이 거의 단음절 낱말에 국한되고, 또한 다음절 낱말들이 모음의 장-단에 의한 의미구분보다도 맥락에 따라 그 의미가 분명하게 구분되기 때문에, 우리는 모음의 장-단에 대한 개념이 약하다. 이 때문에 우리들에게 이들은 특별한 극복과제로 부각되고 그래서 특별한 주의가 더 요구된다. 아무튼 문자중심 독일어를 대하면서 특별한 표시 없이 길게 발음되는 독일어 모음들을 식별하고 길게 또는 짧게 발음해야 하는 곳에서 그렇게 발음해내기란 쉽지 않다. 실제 독일어를 유창하게 사용하는 전문가도 경우에 따라 독일어 장-단음발음의 오류를 범하는 것도 우리에게 위안이 되는 사실이다.

- Sa-al - Sä-le
- Pa-ar - Pär-chen
- Bo-ot - Böt-chen

<a>, <o>, <u>의 변형모음을 표기하는 문자 <ä>, <ö>, <ü>와 그리고 항상 <au>를 기저로 변화하는 <äu>는 아래 예시를 바탕으로 해당낱말의 품사와 수를 바꾼다는 의미에서 변화된 것으로도 이해될 수 있다.

- Sa-che - säch-lich
- la-chen - lä-cher-lich
- wa-chen - Wäch-ter
- flach - Flä-che - flä-chig
- Not - Nö-te - nö-tig
- Fluss - Flüs-se - flüs-sig
- Haus - Häu-ser
- Schaum - Schäu-men
- laut - läu-ten
- Braut - Bäu-ti-gam

하지만 변형모음을 표기하는 문자 <ä>, <ö>와 <ü> 그리고 <eu>는 낱말의 품사와 수를 바꾼다는 의미에서 변화된 것으로도 이해될 수 없는 경우도 있다. 이는 변형모음이 낱말의 종류 또는 품사나 낱말의 단수-복수의 변형과는 관계없이 아래 예시와 같이 단지 독일어 소리만을 표시하는 역할수행을 위해 나타나기도 하기 때문이다.

- Bär
- trä-ge
- Krä-he
- Lärm
- Ge-län-der
- schön
- Föhn
- Höl-le
- dünn
- Mü-hle
- blü-chen
- Leu-te
- Eu-le
- heu-len

• 문자 <h>를 이용해서 장음을 표기한다.

- Bahn
- fah-ren
- Hahn
- Jahr
- nah
- Rah-men
- wahr
- Zahl
- Zahn
- ähn-lich
- wäh-len
- wäh-rend
- be-feh-len
- mehr,
- feh-len
- neh-men
- deh-nen
- sehr
- zehn
- ihr
- ihr-es
- ihm
- ihn
- ih-nen
- froh
- oh-ne
- Sohn
- Stroh
- wohl
- Lohn
- woh-nen
- Koh-le
- fröh-lich
- Söh-ne
- Löh-ne
- ge-wöhn-lich
- Uhr
- Huhn
- steh-len
- Stuhl
- Ruhm
- blüh-en
- füh-ren
- kühn
- Müh-e
- früh
- füh-len

<h>는 대부분 음절 끝과 비음과 유음을 표기하는 문자 <m, n, l, r> 앞에만 나타나고, 다른 자음 앞에는 거의 나타나지 않는다. 특히, 예를 들어 <neh-men - nahm - ge-nom-men>와 같이 공명음이 중복철자를 형성하여 음절관절[Silbengelenk]을 이루는 경우에는 나타나지 않는다(Duden4, 2009:76-78).

• <i>의 장음은 <h>를 추가해서 <ihr, ihres, ihm, ihn, ihnen>과 같이 표기하는 경우는 드물고, 대부분 <e>를 추가한 <ie>를 이용해서 표기된다.

- die
- Diens-tag
- die-se
- Fie-ber
- Frie-den
- Ge-biet
- hier
- Krieg
- lieb
- Lie-be
- Lied
- lie-gen
- Mie-ter
- sie
- Sieg
- sie-ben
- Spiel
- viel
- wie
- Ziel

• 장음 <ie>에 <h>를 추가해서 <-ieh>의 형태를 통해 <i>의 장음을 표시하는 한음절 낱말은 <Vieh>가 유일하지만, 낱말 또는 음절 안에 <-ieh->를 포함하는 형태는 자주 나타난다.

- flieh-en,
- zieh-en,
- ge-schieht,
- sieht,
- emp-fliehlt

• 낱말 끝에 나타나는 <i>의 장음표시는 항상 <ie>를 통해 표시된다.

- nie,
- Knie,
- so-wie,
- schrie

• 독일어에 유입되어 사용되는 외래어가 특별한 표시 없이 길게 발음되는 모음은 대부분 음절구조와 음절에 나타나는 비음/유음과 밀접한 관계가 있다. 독일어에 나타나는 외래어들을 독일어에서 사용되는 기본모음을 중심으로 구분하면 다음과 같다.[22]

- 〈a〉 - Ska-la, Ra-dio, Kom-men-tar
- 〈e〉 - Mag-net, Si-re-ne, The-ke
- 〈i〉 - Ka-min, Kri-se, Sa-ti-re
- 〈o〉 - A-tom, Glo-bus, tro-pisch
- 〈u〉 - Mi-nu-te, Ku-vert[kuˈveːɐ̯], Kul-tur
- 〈ü〉 - Tri-bü-ne, Ka-nü-le, E-tü-de[eˈtyːdə]

---

22 현재 우리의 독일어 지식 정도에서 어떤 낱말이 외래어에서 유래했는지 또는 어떤 낱말이 독일어 토종낱말인지 구분하기란 쉽지 않다(위 2.1 '[독일어소리: 모음]-<모음표기문자>'의 '복모음'과 주석 16 참조). 학습초기부터 독일어 모음의 장-단에 관한 경험을 꾸준하게 쌓아가고, 특별한 표시 없이 길게 발음되는 모음을 포함한 외래어 낱말들을 하나씩 하나씩 익혀간다면 극복할 수 있다고 본다. 이런 극복방법이 -우리의 현입장에서는- 답답하지만 최선이다.

Übung 8

아래 낱말들을 자신의 우리말 속도로 읽자. 그리고 짧은 모음을 표시한 문자와 긴 모음을 표시하는 문자와 소리를 구별해서 자신의 발음속도와 연계해보자.

- al-le - A-a-le,
- Bet-ten - be-ten,
- ful-len - fuh-len,
- Gramm - Gram,
- hof-fen - Hof,
- kann - Kahn,
- Lamm - lahm,
- Rat-te - ra-ten,
- satt - sa-at,
- still - Stiel,
- stel-len - steh-len,
- wirr - wir

아래의 예시 낱말들에서 길게 발음되는 모음을 유형별로 구분해서 도표의 해당 영역에 정리해보자.

동일한 문자의 중첩으로 표시된 경우	문자 ⟨h⟩의 첨가로 표시된 경우	문자 ⟨ie⟩로 표시된 경우	장모음 표시가 확실하지 않은 경우

A-a-le, Bie-ne, be-ten, Da-me, dir, e-ben, Ei-gen-tum, Fäh-re, fuh-len, füh-ren, Gram, Hof, ih-nen, Kahn, lahm, Lohn, O-fen, Mär-chen, Me-er, Rad, ra-ten, röt-lich, Ruhm, Sa-at, sie-den, Söh-ne, Stil, Stiel, steh-len, süd-lich, Ver-kehr, ver-wöhnt, Wa-a-ge, wir, Wut, Zahl

2.2 [독일어소리: 자음]-<자음표기문자>

우리는 구강공명음을 모음이라하고, 비강공명음과 장애음을 자음으로 구분했다.

독일어 장애음은 구강의 중심선 상에서 좁혀지거나 닫침과 열림의 반복을 통한 조음기류 변화를 통해 생성되는 소리로 파열음과 마찰음 그리고 파(열마)찰음 및 유음 등이 속한다.

자음소리와 이들을 표기하는 표기문자와의 연계 및 이들을 통해 표시되는 독일어 낱말을 예시로 정리하면 다음과 같다.

독일어문자	소리표기	발음환경 및 실례
〈p〉	[p]	^{s}Pult, ^{e}Pleite, scheppern, grub
〈t〉	[t]	^{s}Tal, retten, ^{r}Start, rWald
〈k〉	[k]	kalt, ^{r}Kuchen, zwicken, ^{r}Fuchs, ^{r}Tag
〈qu〉	[kv]	^{e}Qual, ^{e}Qualle
〈b〉	[b]	bunt, ^{r}Besen, ^{e}Gabel, ^{e}Krabbe
〈d〉	[d]	^{r}Dom, danke, edel
〈g〉	[g]	gehen, vergessen, ^{e}Gunst
〈f〉	[f]	^{r}Fisch, fressen, ^{r}Vogel, ^{e}Strafe
〈ß〉	[s]	^{r}Ruß, heiß
〈sch〉	[ʃ]	$^{r/s}$Schrot, schwierig, ^{r}Stuhl, sparen
〈ch〉	[x]	wach, ^{r}Bach, ^{s}Buch, lochen, ^{e}Frucht
〈w〉	[v]	^{r}Wind, ^{s}Wetter
〈s〉	[z]	^{e}Sonne, besuchen
	[s]	^{s}Haus, ^{s}Gras ^{e}Post
〈j〉	[j]	^{s}Jahr, ja, ^{e}Jagt, ^{r}Jammer
〈h〉	[h]	^{r}Hut, ^{s}Haus, ^{r}Uhu, verheiratet
〈m〉	[m]	^{s}Mus, ^{e}Maus, kommen, kam
〈n〉	[n]	^{e}Not, nett, können, ^{r}Bann
〈ng〉	[ŋ]	^{r}Ring, lang, ^{e}Wange, ^{r}Enkel
〈l〉	[l]	^{e}Luft, lachen, ^{r}Stall, also
〈r〉	[ʁ]	^{r}Ring, rot, berechnen, zerren
〈z〉	[ts]	^{r}Zahn, zwei, reizen, ^{e}Katze, ^{r}Platz

위 도표에는 독일어자음의 음소를 표시하는 문자인 자소[Graphem] <p, t, k, qu, b, d, g, f, ß, sch, ch, w, s, j, h, m, n, ng, l, r, z> 등이 나타난다.[23]

이들 중 <p, t, k, b, d, g, m, n, ng>들은 국제음성기호와 연계해 발음해도 무리가 없는 것으로 이해될 수 있지만, 독일어 유음표시문자 <l, r>와 마찰음을 표시하는 <s, w>, 파열음과 마찰음의 결합을 표기하는 파찰음을 표시하는 <z> 그리고 <ch, sch> 같은 문자조합들을 독일어소리로 전환할 때는 다음과 같은 이유 때문에 각별히 유의해야 된다.

문자표기하는 방법이 독일어권에서 사용되는 모든 소리를 아우르는 일대일규칙이 있는 것이 아니라, 혼합된 형태로도 나타난다.	예: · 〈ch〉-/ç/ → [ç]/[x] · 〈r〉-/R, ʁ/ · 〈s〉-/s, z/ · 〈z, ts, tz〉-/t^s/
우리의 관점에서 외래어와 독일어 토종낱말의 구분이 모호하기 때문에 소리선택이 어렵다.[24]	예: · 〈f〉-[f]/[v] 〈Vater〉-〈Vision〉
중첩해서 사용된 자음표시 문자들은 원래의 음가와는 다른 음가를 갖는 경우와 대표 음가를 갖는 경우, 그리고 위치에 따라 음가를 달리하는 경우가 있다.	예: · 〈sp-, st-〉 [sp], [st]→[ʃp], [ʃt] · 〈-dt〉 대표음가 [t] · 〈b, d, g〉 [b, d, g]→[p, t, k]

23 자음 음소에 대해서는 Duden4, 2009:67을 참고한다. 문자결합이 음소를 표시하는 자소로 구분하는 방법은 여러 가지가 있으나 일반적으로 문자결합의 교체로 인해 의미변화가 되는지와 외래어에 사용되는지 여부에 따라 구분한다. 예를 들어 <fein섬세한>:<rein순수한>:<mein나의>:<Sein존재>:<schein외관>의 대비를 통해 자음표시문자 <f>:<r>:<m>:<s>:<sch>는 독일어 자음을 표기하는 자소로 평가될 수 있다. 위의 도표의 예 <sch>, <ch>, <ng>에서도 유추할 수 있는 것처럼 여러 개의 문자조합이 독일어 자음 [ʃ], [x], [ŋ]을 표기할 수 있다. 일반적으로 모든 문자가 해당 음소를 나타내는 것은 아니고, 또 이들이 일대일 대응을 보이는 것은 아닌 것으로 이해되고 있다. 이에 대한 논의와 해당 문헌에 대한 평가 및 학습문제점에 관한 상론은 Yeo(2005:52-57,103-105)를 참고하기로 하자.

24 이런 이유에서 자소와 음소의 연계를 보여주는 위 도표에는 나타나지 않는 문자표기 <c, v, x, y>와 <ph, rh, sh, th>등은 독일어 자음을 표시하기 위해 사용되기보다는 오히려 외래어에서 유입되어 독일어처럼 사용되는 외래어자음들을 표기하기 위한 문자로 이해하기로 한다.

따라서 독일어 낱말이나 문장에서 이런 문자(조합)들을 접하면 이들의 소리언어 표현인 입말표현을 위한 소리 값에 주의해야 하는 내용을 자음표시문자를 중심으로 우리 관점에서 정리하면 다음과 같다.

• <b, d, g>는 일반적으로 국제음성기호인 [b, d, g]의 음가를 갖는다. 하지만 이들이 낱말이나 음절의 끝에 나오면 <b>는 [p]의 음가를, <d>는 [t]의 그리고 [g]는 [k]의 음가를 갖는다. 이런 현상을 끝소리(말음)강화현상[Auslautverhärtung]이라 한다.

- halb
- des-halb
- wes-halb
- Weib
- Hand
- Land
- nie-mand
- Rad
- wäh-rend
- arg
- Tag
- Teig
- Weg

• <ck>로 표기된 독일어 문자는 [k]를 대표소리로 취한다. <ck>는 <c-k>로 떼어 쓰지 않고, 떼어 쓰는 경우에는 <k-k>로 사용했었다. 하지만 새로운 정서법에 따르면 <ck>는 한 단위로 인정하고, 줄을 바꿔써야 하는 경우에 다음 줄로 함께 이동해야 한다.

따라서 아래 예처럼 한 단위로 여겨지는 <ck>가 음절경계에 나타나는 경우에도 이를 떼어 쓰지 않고 예를 들어 <Be-cken>으로 구분해야 하지만, 여기에서 우리는 <c>와 <k>를 동일자음으로 보고 앞-뒤 음절을 빠르게 붙여 <Bek-ken>으로 발음하면 무리가 없는 것으로 이해를 하도록 한다.

- Bec-ken
- Bec-ken-rand
- dick
- druc-ken
- drüc-ken
- duc-ken
- Ec-ke
- ec-kig
- Gloc-ke
- hac-ken
- Hec-ke
- knac-ken
- Kuc-kuck
- Loc-ke
- Müc-ke
- zoc-ken

독일어에서 아직도 <-kk->가 나타나는 낱말들이 사용되고 있는데, 이들의 대부분은 원래표기를 유지하고 있는 외래어들로 이해하면 된다. 이들은 <Mokka, Makkaroni, Sakko, Akkusativ> 등이다.

• 문자표기 <tz, ts>와 <z>는 [ts]/$[t^s]$의 음가를 갖는다. 이들은 독일어에 많이 나타나는 독일어다운 소리들 중 하나다. 특히, <tz>는 <zz>에서 유래해서 <tz>로 변화된다. 하지만, 이들은 <t-z>로 떼어 쓰기가 가능한데, 이는 <tz>를 <t>와 <z> 서로 다른 두 문자의 문자조합으로 이해되기 때문이다.

- jetzt
- ganz
- Herz
- Salz
- schwarz
- Schwanz
- trotz
- trotz-dem
- zehn
- Zeit
- zeit-lich
- Zim-mer
- Zi-tat
- zu
- Zug
- Zu-c/ker
- zu-erst
- zu-letzt
- Zu-satz
- zwei
- krat-zen
- Glat-ze
- wit-zig

<Mozzarella, Razzia, Pizza> 등에서와 같은 <z>의 중첩인 <zz>는 원래표기를 유지하고 있는 외래어들이다.

<ck>와 <tz>는 비음/유음 표기문자인 <m, n, l, r>뒤에는 나타나지 않는 공통점을 갖고 음가를 대표하는 <k>와 <z>만이 <m, n, l, r> 뒤에 온다.

- An-ker
- Im-ker
- Er-ker
- Herz
- Ran-zen
- Wal-ze

• <dt>는 대부분 낱말/음절의 끝에 위치하는데 이는 [t]를 대표소리로 갖는다. 낱말의 어형변화에 따라 음절의 앞에 나타나기도 한다.

- Stadt
- Stadt-tei-le
- Schmidt
- wan-dte

• 표준 독일어에서 <sp>가 낱말의 처음에 오면 [ʃp]의 음가를, <st>가 낱말/음절의 처음에 나타나면 [ʃt]의 음가를 갖는다. 북쪽 방언에서는 그대로의 음가인 [sp, st]를 갖기도 한다.

- spa-ren
- Spaß
- spät
- spät-a-bend
- Spin-ne
- Spie-gel
- Spiel
- spie-len
- spre-chen
- Spra-che

• <ch>는 <i, e, ä, ö, ü>로 표기되고 /i, e, ε, ø, y/로 발음되는 전설모음과 양성모음 및 자음 뒤에서는 [ç]의 음가를 갖고, 중설 또는 후설 모음인 음성모음 뒤에서는 [x]의 음가를 갖는다.

낱말의 첫머리에서의 <ch>는 이 낱말이 외래어임을 표시하기 위해 사용되고 라틴어를 근간으로 하는 낱말은 /k/, 그 외의 대부분은 /k, ç, ʧ/ 등으로 선택 발음되는 경향을 보인다.

- ich
- mich
- Pech
- möch-te
- ach
- Bach
- noch
- auch
- Buch
- Christ
- Chris-ta
- Chi-na
- Chi-le

• 독일어 문자 <chs>와 <x>는 소리 [ks]를 표시한다. 이는 문자 <ks>의 음과 같다. 외래어에서 문자 <x>는 항상 [ks]음가를 갖는다. 따라서 아래의 밑줄 그어진 예들이 보여주듯 문자(표시)만으로는 음절구분이 난해한 경우가 있다.

문자 <x>-[ks]가 음절을 이어주는 경우에는 소리표시인 [ks]를 마치 문자 <ks>처럼 이해하고 <k-s>로 분리해서 음절을 나누어 읽으면 무리가 없다.

- Keks
- zu-nächst
- Wachs
- Luchs
- Max
- boxen → ⟨bok-sen⟩
- Text
- Taxi → ⟨Tak-si⟩
- exakt → ⟨ek-sakt⟩
- Ex-port
- ex-trem
- flexi-bel → ⟨flek-si-bel⟩
- maxi-mal → ⟨mak-si-mal⟩
- Praxis → ⟨Prak-sis⟩
- Luxus → ⟨Luk-sus⟩
- Sex
- sechs
- Sechs-tel

• 독일어에서 문자 <s>로 표기되는 소리는 무성음 [s]와 유성음 [z]로 발음될 수 있다.[25] 독일어를 처음 대하면서 독일어 문자와 유성음 대비인

25 우리한글을 기반으로 하는 독일어학습자들이 [z]를 우리말의 <ㅈ>과 동일 또는 비슷하게 발음하려는 경향을 보이는 것을 관찰할 수 있다. 이런 경향은 <Sonne, Sohn> 등에서와 같이 낱말의 음절 앞부분에서 문자 <s>를 발음하는 경우에 두드러진다. 이 경우 초성표기문자 <s>를 무성음화된 [z̥]로 소리내기 보다는 독일어권 외래어를 발음하기 위해 사용되는 [ʒ] 소리에 가깝게 발음된다. 따라서 <Sonne>는 [ʒɔnə]로 <Sohn>은 [ʒo:n]으로 발화되고, 이를 통해 문자 <s>발음이 독일어 특유의 소리 [z̥]나 [z]와는 다른 소리구조를 보인다. 한글을 기반으로 하는 독일어학습자가 이를 극복하기 위해서는 음절종성에서 문자 <s>와 무성음 [s]가 연관된 경우에는 우리말의 <ㅅ>을 날카로운 '쓰' 소리가 나도록, 그리고 문자 <s>가 초성이고 단독으로 모음 앞에 나올 경우에는 <s>를 유성음 [z]로 소리화하지 않고 무성음인 [z̥]로 발화하는 것이 좋다. 이는 문자 <s>가 모음 앞에 나타나는 초성으로 유성음 [z]와 연관된 경우에는 이를 [z̥]로 소리화해야 함을 의미한다.

독일어소리를 관찰하다보면 문자 <s>로 표기되는 유성음과 무성음을 [s]와 [z]로 확연하게 분리하여 발음하는 것은 쉽지 않을 뿐만 아니라, 경우에 따라서는 이들을 분리할 필요가 없다는 생각이 들기도 한다. 때로는 외국어로서 독일어를 접하는 우리의 관점에서 '문자 <s>로 실현되는 소리들을 철저하게 구분할 필요가 있는가?'라는 의문이 들기도 한다. 이는

첫째, 독일어에는 자음표시문자 <s>의 유성- 무성음 발음대비로 인한 낱말의 의미변화를 거의 찾아볼 수가 없기 때문이다. 예를 들어, <reisen-reißen, weise-weiße> 등과 같이 유성음 [z]와 무성음 [s]로 인해 나타나는 의미대비, 즉 [z]-[s]의 소리대비로 인한 낱말의미변화가 나타나지 않는다.

둘째, 문자 <s>의 발음은 발음환경에 따라 허용범위가 크기 때문이다. 다시 말하면, 문자 <s>는 객관적인 음가가 확정되어 있기보다는 발음하는 사람마다의 발음습관이나 언어화용적 개성반영을 허용한다.

<s>-[z] 그리고 무성음 <s>-[s] 간의 대비를 구분하는 것은 쉽지 않다.

독일자음 [s]는 앞니 뒤의 잇몸인 치조에 혀의 앞부분을 이용해서 좁혀진 공간을 기류가 힘차게 통과하면서 조음되는 무성마찰음이다. 이때 좁은 공간으로 기류를 통과시키기 위해 긴장된 조음근육상태를 보인다. 반면, [z]는 원래 무성음 [s]를 조음하는 똑같은 입모양과 혀 위치 그러나 이완된 근육상태에서 목청이 울리게 발음되는 유성마찰음이다. 이때 혀끝이 진동해서 혀 앞부분과 윗니 안쪽 잇몸이 가렵다고 느낄 정도의 울림소리가 독일어 [z]발음에 가깝다고 할 수 있다. 따라서 이런 울림느낌을 근거로 자신의 <s>-[s]와 [z] 소리의 정확성을 판단하면 무리가 없다. 문자 <s>의 유성음인 [z]가 초성일 경우 발음되는 [z]와는 사뭇 다름을 유념하고 이를 도표화하면 다음과 같다.

초성 + 모음 → 무성음화 부드러운 〈s〉 - [z̥]	Sa-ge, sa-gen-haft, gra-sen, Sum-me
종성 → 무성음 날카로운 〈s〉 - [s]	Gras, Post, ge-wiss, Hass, Haus, weiß

위의 예 <Sage, grasen, Summe, lose>에서는 물론 <so, singen, Sucht, Reise, böse, lesen, tausened, Wiese>에서 볼 수 있듯, 독일어

셋째, 자음표시문자 <s>가 전반적으로 유성음보다는 무성음으로 발음되는 독일어의 발음경향을 이유로 들 수있기 때문이다. 예를 들어, (토종)독일어 낱말 <Vater>에서의 <v>처럼 유성음과 무성음이 양립할 수 있는 경우에는, 이 <v>가 무성음인 [f̥]로 발음되는 경향을 보인다. 이런 현상과 비슷하게 문자 <s>로 표기되어 유성음과 무성음이 양립하는 경우에도, 유성음인 [z] 보다는 오히려 무성음 [s]에 가까운 [z̥]소리로 실현되는 경향을 보이는 것으로 이해해도 무리가 없기 때문이다.

추가적으로 문자 <s>를 유성음과 무성음, 즉 [s]와 [z]로 확연하게 구분하지 않는 현상은 특히 남부독일의 일상 독일어에서 확연히 나타나는 것을 관찰할 수 있기 때문이다.

비록, 이런 이유들로 인해 <s>의 발음이 다양하고 또 자유로운 경향을 보인다할지라도, 문자 <s>를 [ʒ]에 가까운 발음, 즉 우리말의 <ㅈ>과 같이 조음하고 연습해도 무방하다는 의미는 결코 아니다. 문자 <s> 조음환경 및 그와 관련된 문제에 대해서는 Yeo(2005: 57) 참고하도록 한다.

유성음 [z]-<s>는 낱말 머리에서 '모음 앞'에 나타나든, 낱말중간에서 '모음 사이'에 나타나든 항상 문자 <s>로만 표기되고 유성음화된 [z]로 실현된다.

반면, 무성음인 [s]는 문자 <s>이외에도 <ss, ß>로 표기된다. 즉, 무성음 [s]는 세 종류의 문자표기인 <s, ss, ß>로 표기되는데, 이는 다음과 같이 요약될 수 있다.

[s]	〈ss〉 - 〈Wasser〉 (단모음 뒤에서 만 나옴: 앞단모음표시)
	〈ß〉 - 〈Straße〉 (장모음 뒤에서 만 나옴: 앞장모음표시)
	〈s〉 - 〈Last〉 (주로 t/p 와 함께 나옴)

위 도표에서 무성음인 [s]를 표기하는 문자 <s, ss, ß> 중에서 중복자음 <ss>는 음절 핵이 짧은 경우에만 나타난다: 앞의 모음이 짧음을 표시한다.

따라서 이들은 아래 예처럼 주로 강세가 있는 짧은 모음 뒤에 나타나는 것으로 이해하면 된다. 이런 경우 <ss>는 <s-s>로 나누고 이를 포함하는 음절을 빠르게 이어 발음하면 음가형성에 문제가 없다. 이를 유념하면서 아래 낱말들을 읽어보자.

- bis-sen,
- fas-sen,
- fres-sen,
- Ge-bis-sen,
- las-sen,
- has-sen,
- Mas-se,
- Mes-ser,
- Schlus-sel,
- Tas-se

• 독일어 소리 [s]를 표시하는 문자 <s>는 긴 모음과 복합모음 뒤 그리고 낱말 끝 및 자음 앞 등에 다양한 위치에 나타난다.

- Glas
- Haus
- Preis
- Mas-ke
- Kas-per
- fast
- Mist
- Schwes-ter

• <ß>는 그리스어에서 차용된 문자로 낱말어간과 낱말 끝을 표기하는 기능을 포함하고 있고, 독일어 소리 [s]/[^{t}s]를 문자로 표시하기 위해서 사용된다. <ß>는 주로 긴 모음 또는 복합모음 뒤에 나타난다. 특히, 새로운 정서법에서는 <Fuß>, <Floß>에서와 같이 장모음 뒤에서 만 <ß> 사용을 인정하고 단모음 뒤에 나오는 <ß>와 어간말음이 아닌 <ß>를 <ss>로 표기하도록 했다(위 '1.3 표기문자'의 주석 5 참조).

이를 우리의 관점에서 이해하면, 새로운 정서법에 의해 쓰여진 독일어 텍스트에 나타나는 낱말의 끝에 문자 <ß>가 나타나는 경우에는, 그 앞에 음절 핵인 모음은 길게 소리화해야 한다고 이해하면 된다. 그리고 문자 <ß>가 어간말음으로 두 음절을 서로 연결하는 경우에는 문자 <-ss-> 경우에서처럼 <s-s>로 나누고 이들이 포함되는 음절을 빠르게 붙여 발음하면 된다.

- beißen → 〈beis-sen〉,
- Fass,
- Fleiß,
- Fuß,
- groß,
- Gruß,
- grußt,
- heißen → 〈heis-sen〉,
- Maß,
- Ruß,
- scheuß-lich,
- Schluss,
- Strauß,
- Ver-lass

• <sch>로 표기된 문자는 독일어 소리 [ʃ]를 나타낸다.

- schaf-fen
- Schlaf
- Schol-le
- schon
- schön
- schnell
- schwan-ger
- Schwanz
- schwarz
- schwer
- schwei-gen
- Schwein
- Schweiß
- Schwert
- Schwes-ter
- Schwim-men

• 독일어에서 문자 <q>는 항상 <u>를 동반한다. <qu>는 독일어 소리 [qv]를 표시하고 항상 음절의 첫 부분에 위치한다.

- be-quem
- qua-ken
- qual-voll
- Qua-li-tät
- qua-li-ta-tiv
- Quel-le

• 독일어 토종낱말에 나타나는 문자 <v>는 위 치아가 아래 입술에 닿아 마찰하고 성대가 울리지 않으면서 나는 소리 [f]를 표시한다. 외래어의 경우에는 원래발음을 따르는 경향을 보인다. 특히, 문자 <v>는 첫째 우리말에서 의사소통을 위해서 거의 사용되지 않는 소리이기 때문에 조음/발음방법에 유념해야 하고, 둘째 영어를 배우면서 익힌 영어문자 <v>와는 다른 소리를 표시하기 위해 사용되기 때문에 유의해야한다.

- **토종낱말〈v〉의 [f] 표기**
  - Ver-gleich,
  - ver-glei-chen,
  - Ver-län-ge-rung
  - Ver-mu-tung
  - vie-le
  - viel-leicht
  - vier
  - von
  - vor
  - vor-wärts

- **외래어〈v〉의 [v] 표기**
  - Va-ri-a-tion
  - Verb
  - Vi-di-o
  - Vi-si-on
  - Vo-kal

• 독일어 문자 <w>는 위 치아가 아래 입술에 닿아 마찰하고 성대가 울리면서 나는 소리인 [v]의 음가를 갖는다. 이 역시 영어문자 <w>와는 다른 소리를 표시하기 때문에 유의해야 한다.

- war
- warm
- was
- wäh-rend
- Weib
- weiß
- wem
- wen
- wer
- wes
- wes-halb
- wes-sen
- will
- wir
- wie-der
- wo
- wo-durch
- wo-her
- wo-hin
- wo-mit
- wohl
- Wo-che
- Wo-chen-en-de
- wohl
- woh-nen

• 독일어 문자 <r>는 혀끝 떨림소리 [r], 연구개 떨림소리 [ʁ], 목젖 떨림소리 [R]와 모음화된 소리 [ɐ]를 표기하기 위해 사용된다. 문자 <r>로 표시되는 독일어 소리는 조음환경에 따라 [r], [ʁ], [R], [ɐ]/[ɐ̯] - <[r]Vater>/<[e]Uhr> 등 여러 형태로 실현될 수 있다.

특히, 낱말형태변화에 따른 문자음절의 변화에 따라 자음표기문자인 <r>는 모음화된 <r>로 전환되는 특성을 갖는다. 예를 들면, <hö-ren>에서 <r>는 자음 <r>의 특성을 갖는 소리를 표기하지만, <hört>에서는 모음화된 <r>-[ɐ]를 표기한다. <r>는 자음 특성을 갖는 위치에서는 [r]/[ʁ]/[R] 중에서 자유롭게 실현될 수 있지만, 모음화된 <r>가 나타나는 위치에서는 자음 <r>-[r]/[ʁ]/[R]가 실현될 수 없다.

어디에 어느 <r>가 위치할 수 있는 가능성은 <r>가 나타나는 위치와 조음환경에 의해 제한되고, 실현되는 발음 또한 조음환경의 영향을 받는다.

특히, 음절[Silbe]의 어느 부분에 나타나느냐에 따라 실현발음이 정해진다. 예를 들어, [ɐ]/[ɐ̯]는 음절의 마지막부분에 나타나고 [r], [ʁ], [R]는 음절의 앞부분에 나타난다. 이는 [ɐ]/[ɐ̯]와 [r], [ʁ], [R] 소리가 같은 위치와 같은 조건에서 실현될 수 없음을 의미하는 것과 맥락을 같이 한다. 또한 자음 <r>의 조음을 위한 입모양은 앞과 뒤에 위치한 모음에 따라 입모양을 달리하고, 모음화자음 <r>는 모음소리 [a]의 조음을 위한 입모양을 한다.

2.3 독일어<문자>와 [소리]연결규칙

지금까지의 논의를 바탕으로 독일어 모음과 자음을 분류하면 다음과 같다.

장모음	[ɑː]	[eː]	[iː]	[oː]	[uː]	[ɛ]	[ø]	[y]
단모음	[a]	[ɛ]	[ɪ]	[ɔ]	[ʊ]	[ɛ]	[œ]	[ʏ]
복모음	[aɪ] [aʊ]			[ɔɪ]				

소리\조음위치	양 입술	입술/치아	치조(경)	경구개	연구개
	무 / 유성	무 / 유성	무 / 유성	무 / 유성	무 / 유성
파열음	[p, b]		[t, d]		[k, g]
마찰음		[f, v]	[s,ʃ, z]	[ç]	[x]
파(열마)찰음			[tʃ]		
유음(설측/떨림음)			[r] [l]		[ʁ]
비음	[m]		[n]		[ŋ]

독일어소리와 독일어문자 사이에 존재할 수 있는 대응관계에 대한 특정한 규칙과 독일어소리의 위치에 따른 소리변이형을 유추할 수 있도록 이들의 관계를 문자중심으로 정리하면 다음과 같다.

독일어 문자		독일어 소리		
모음	자음	앞쪽	음절(핵) 강 – 약 – 복모음	뒷쪽
〈a〉			[aː] [a]	
〈aa〉			[aː]	
〈ah〉			[aː]	
〈ai〉			[aɪ]	
〈au〉			[aʊ]	
〈ay〉			[aɪ]	
〈ä〉			[ɛː]	
〈äh〉			[ɛː]	
〈äu〉			[ɔɪ]	
	〈b〉	[b]		[p]

독일어 문자		독일어 소리		
모음	자음	앞쪽	음절(핵) 강 – 약 – 복모음	뒷쪽
	〈ch〉			[ç], [x]
	〈chs〉			[ks]
	〈ck〉			[k]
	〈d〉	[d]		[t]
	〈dd〉			[t]
	〈dt〉			[t]
〈e〉			[eː] [ɛ]	
〈ee〉			[eː]	
〈eh〉			[eː]	
〈ei〉			[aɪ]	
〈eu〉			[ɔɪ]	
〈ey〉			[aɪ]	
	〈f〉	[f]		
	〈ff〉			[f]
	〈g〉	[g]		[k], [ç]
	〈gg〉			[k]
	〈h〉	[h]		[ː]
〈i〉			[iː] [ɪ]	
〈ie〉			[iː]	
〈ieh〉			[iː]	
	〈j〉	[j]		
	〈k〉	[k]		[k]
	〈l〉	[l]		[l]
	〈ll〉			[l]
	〈m〉	[m]		[m]
	〈mm〉			[m]
	〈n〉	[n]		[n]
	〈nn〉			[n]
	〈ng〉			[ŋ]
〈o〉			[oː] [ɔ]	
〈oo〉			[oː]	
〈oh〉			[oː]	
〈ö〉			[øː] [œ]	
〈öh〉			[øː]	
	〈p〉	[p]		[p]
	〈pp〉			[p]
	〈qu〉	[kv]		
	〈r〉	[ʁ]		[ʁ], [ɐ]
	〈rr〉			[ʁ]

독일어 문자		독일어 소리		
모음	자음	앞쪽	음절(핵) 강 – 약 – 복모음	뒷쪽
	⟨s⟩ ⟨ss⟩ ⟨sch⟩	[z] [z̥] [ʃ]		[s] [s] [ʃ]
	⟨ß⟩			[s]
	⟨t⟩ ⟨tt⟩	[t]		[t] [t]
⟨u⟩ ⟨uh⟩			[uː] [ʊ] [u]	
⟨ü⟩ ⟨üh⟩			[yː] [ʏ] [yː]	
	⟨v⟩	[f], [v̥]		[f]
	⟨w⟩	[v] [v̥]		
	⟨x⟩			[ks]
	⟨z⟩	[ʦ]		[ʦ]

Übung 9

위의 도표를 이용하여 독일어문자와 소리사이에 존재할 수 있는 대응관계 규칙과 나타나는 위치와 환경에 따른 소리변이형을 유추해보자.

독일어문자	문자-소리 대응관계 및 변이형
〈ch〉	
〈chs〉	
〈ck〉	
〈w〉	
〈z〉	
〈v〉	
〈s〉	
장모음표시	
단모음표시	

3

독일어 음절과 낱말

독일어 화용개요 II
독일어 낱말과 발음연습
Übungen zu den deutschen
Sprechlauten und Wörtern

3.1 음절구조와 낱말구조

독일어음절은 모음으로 형성되는 음절 핵Silbenkern과 앞의 시작부분Anfangsrand이 그리고 그 뒷부분인 음절 끝부분Endrand으로 형성된다. 독일어 음절은 음절 시작부분Anfangsrand에서 음절 핵에 다가오면서 유성음의 정도가 강해지면서 음절 핵에 이르고 음절 핵을 지나 음절 끝부분Endrand의 마지막에 이르면서 유성음의 정도가 점차 약해진다(Duden4, 2009:41). 이를 낱말예시를 통해 표현하면 다음과 같은 구도를 얻을 수 있다.

	시작부분 (– 유성음 +)	음절핵 (모음)	끝부분 (+ 유성음 –)
Ton	[t	o:	n]
Welt	[v	ɛ	lt]
Hecht	[h	ɛ	çt]
Sprung	[ʃpr	ʊ	ŋ]

독일어 낱말은 여러 음절이 모여 형성되지만, 위에서 보여주는 것처럼 단음절로 낱말을 형성하기도 한다.[26] 독일어 낱말은 하나 이상의 음절로

26 입말에서 여러 음절이 한 낱말을 이루는 경우, 그 중의 마지막 음절의 핵을 이루는 모음의 음가가 생략되어 탈락되는 현상Apokope이 나타나기도 한다. 예를 들어, <ge-ben>, <re-den>, <le-gen>으로 표시된 낱말음절은 독일어 입말에서 [ge:bn̩], [re:dn̩], [le:gn̩]으로 실현되는 현상을 보인다. 이 과정에서 글말음절 <-ben>, <-den>, <-gen>이 음절 핵인 모음표시문자 <e>가 생략되어 발화되고 공명자음인 비음이 음절화되는 형태인 [bn̩], [dn̩], [gn̩]으로 실현된다. 이는 입말에서 음절 핵인 모음 [e]가 [ə]로 약화되고 결국 탈락하는 모음생략현상으로, 문자음절인 <-ben>, <-den>, <-gen> 등이 음절로서의 기능상실을 의미하고, 또한 문자와 소리간의 연결규칙설정을 어렵게 한다. 이런 현상을 우리의 관점, 즉 소리음절을 표기하는 문자음절과 이를 통해 재생되는 독일어소리음절간의 관계에 대한 이해가 중요한 의미를 갖는 관점에서 보면, 소리음절 자체에 대한 구체적인 기술보다는 오히려 문

이루어진 구조와 다음과 같은 특성을 갖는다.

- 낱말은 독립적인 언어요소다.
- 낱말은 기본형을 포함하는 언어정보전달의 기초단위다.
- 낱말은 의미를 갖는다.

3.2 음절종류와 낱말종류

음절의 종류는 실현된 형태에 따라 문자음절과 소리음절 그리고 음절의 구조에 따라 닫친음절과 열린음절offene Silbe로 구분된다.

한 개 이상의 음절로 형성된 낱말은 문장구성의 필요요소이고 문장 안에서의 기능에 따라 -분류관점이나 기준에 따라 차이가 존재하지만- 동사Verb, 명사Substantiv, 관사Artikel, 대명사Pronomen, 형용사Adjektiv, 부사Adverb, 전치사Präposition, 접속사Konjunktion, 감탄사Interjektion 등으로 분류된다.

문자음절 - 소리음절

독일어 소리음절은 항상 [자음+모음]의 최소 형태를 갖는다. 하지만 예를 들어 <Ei>, <ach>, <ich>와 같은 문자음절은 [자음+모음]형태를 갖지 않고 있다. 이는 [ʔaI], [ʔax], [ʔiç]라는 소리 음절이 <Ei>, <ach>, <ich>와 같은 문자 음절로 기록될 때 소리음절의 모음 앞에 자리하고 있는 [ʔ]음가가 문자로 표시되지 않은 것으로 이해해야 한다. 따라서 문

자화된 글말의 낱말형태가 소리음절의 음성-음운론적인 특성을 어떻게 표시하고 있는가에 대한 분류가 필요하다.

자음절에는 표시되어 있지 않지만, 독일어 소리음절은 언제나 하나의 자음과 모음의 소리가 순서대로 나타남을, 즉 음절 핵인 모음 앞에 항상 자음이 존재하는 것으로 파악된다. 이는 우리를 독일어 소리음절은 항상 [자음+모음]의 최소형태를 갖는다는 결론에 다다르게 한다.

이런 '표기상의 불완전성'을 우리는 독일어 소리음절인 동시에 독일어 낱말인 [ˀax], [ˀaɪn], [ˀiç] [ˀaɪ], [ˀoks], [ˀuɐ]를 낱말/음절을 표시하는 문자 <ach>, <ein>, <ich>, <Ei>, <Ochs>, <Uhr> 통해서 표기하고, 독일어 소리(음절)를 문자(음절)로 전환하는 과정에서 해당자음인 '성문파열음/기식음'이 표시문자인 [ˀ]를 통해 표기되지 않은 것으로 이해하자.[27] 이런 표기누락에도 불구하고 열린음절의 초성으로 나타나는 '성문파열음/기식음'인 [ˀ]는 독일어 입말에 나타나는 특유한 독일어 소리에 속한다.[28]

---

27 특정한 낱말음절-소리음절의 현재문자표기는 오랜 시간동안의 표기변화를 통해 나타난다. 소리음절을 문자로 기록해서 사용하는 과정은 -우리말 낱말인 '산'이 '뫼 > 산'을 거치면서 지금의 문자표기인 '산'에 이르는 것에서도 보여주듯- 독일어에서도 여러 단계의 표기변화를 거친다. 이 과정에서 예를 들어 소리음절인 [ˀaɪ]가 표기변화를 거치는 과정에서 [aɪ] 앞에 위치하는 입말자음인 '성문파열음/기식음[ˀ]'에 해당하는 표기문자가 없었기 때문에 누락되었거나, [ˀ]소리를 모음의 일부로 파악했기 때문에 애초부터 표기되지 않고 사용된 것으로도 이해할 수 있다. 우리의 관점에서 보면 - 우리가 외국어를 배우면서 착각하는 것들 중에서 - 모음표시문자인 <e>와 <i>가 합해져 [aɪ]로 발음되는 것이 아니라, [aɪ]라는 소리를 표기 또는 기록하기 위해서 모음표시문자인 <e>와 <i>가 함께 사용된다는 사실을 이해해야 한다.

28 문자음절을 소리음절로 확실하고 정확하게 전환하는 능력은 자신이 발음한 독일어소리 또는 다른 사람의 독일어 발음이 올바른지를 판단하는 기준이 된다. 특히, 성인학습자의 말하기능력은 읽기능력, 즉 문자음절을 소리음절로 전환하는 능력을 기반으로 향상되는 경향을 보이기 때문에(Yeo, 2005:106ff), 문자음절을 원어민이 이해할 수 있는 소리음절로 전환할 수 있는 능력을 갖추는 것은 중요하다. 이를 기반으로 행하는 독일어소리의 반복연습과 이를 통해 얻어지는 독일어소리에 대한 자신감은 독일어화용능력의 기틀이 된다.

Übung 10

우리의 관점에서는 독일어의 모음과 자음을 표기한 문자와 이들의 조합을 통해 이루어진 문자음절을 소리음절로 전환할 수 있는 능력은 곧 '기록된 독일어를 읽을 수 있다.'는 것을 의미한다. <Ei>처럼 비록 문자 표기로만 보면 모음으로만 형성된 음절이라 할지라도, 입말에서의 복모음 [aɪ] 앞에는 '성문파열음'인 [ˀ]가 항상 나타나 [ˀaɪ]-<Ei>로 실현된다는 사실을 염두에 두고 아래 한 개의 문자음절로 형성된 낱말들을 소리음절로 실현해보자.

ab,	Arzt,	ernst,
ach!,	auch,	erst,
acht,	auf,	es,
All,	aus,	in,
als,	Ehe,	im,
alt,	Ei,	Obst,
am,	ein,	oft,
Amt,	eins,	Ohr,
an,	Eis,	Öl,
arm,	elf,	Ort,
aus,	eng,	Uhr,
Art,	er,	um

닫친음절 geschlossene Silbe – 열린음절 offene Silbe

독일어의 음절은 [자음+모음+자음] 형식의 기본형을 띤다. 모음을 음절핵으로 그 앞과 뒤에 자음이 나타나는 음절구도를 갖는 음절을 닫친음절 geschlossene Silbe 그리고 [자음+모음]의 형태로 음절의 끝부분이 자음 없이 모음으로 마무리된 음절을 열린음절 offene Silbe 이라 한다. 열린음절에 나타나는 모음은 긴장된 그리고 긴모음의 소리특성을 갖는 반면, 중복자음 또는 자음조합이 뒤따르는 닫친음절의 모음은 이완된 짧은 모음의 특성을 띤다.

Übung 11

독일어음절의 [자음+모음+자음] 형식의 기본형을 띤 음절을 닫친 음절 그리고 이런 음절로 구성된 언어단위를 '닫친음절낱말'이라 한다. 중복자음 또는 자음조합이 뒤따르는 모음은 이완되고 짧은 모음특성을 띤다. 이 낱말들의 구조형태와 그들의 특이사항을 비교-표기해보자.

ab,
acht,
alt,
Amt,
an,
Angst,
Arm,
Arzt,
auch,
auf,
aus,
Bad,
Bahn,
bald,
Ball,
Bank,
Bauch,
Baum,
Bein,
Berg,
Bett,
Bild,
blass,
Blick,
blind,
Blitz,

blond,
bloß,
Blut,
Boot,
breit,
Brief,
Brot,
Brust,
Buch,
bunt,
Bus,
Chef,
Club,
Dach,
Dank,
dann,
denn,
dicht,
dick,
doch,
Dorf,
dort,
dumm,
dünn,
durch,
Durst,

ein,
eins,
Eis,
elf,
eng,
erst,
Fach,
Fahrt,
Fall,
falsch,
faul,
fein,
Feind,
Feld,
fern,
fest,
fett,
fit,
flach,
Fleck,
Fleisch,
Flug,
Flur,
Fluss,
Form,
fremd,

Freund,
frisch,
fünf,
für,
Fuß,
ganz,
Gas,
Gast,
Geist,
gelb,
Geld,
gern,
Gift,
Glas,
glatt,
Gleis,
Glück,
Gold,
Gott,
Gramm,
Gras,
groß,
grün,
Grund,
Gruß,
gut,
Hals,
Hand,
hart,
Hass,
Haus,
Haut,
Heft,
Heim,
heiß,
hell,
Hemd,
Herbst,
Herz,
hier,
hoch,
Hof,
Holz,
Huhn,
Hund,
Hut,
hübsch,
jetzt,
Job,
kalt,
Kamm,
kaum,
Kind,
klar,
Kleid,
klein,
klug,
Knopf,
Kopf,
Kraft,
krank,
Krieg,
kühl,
Kunst,
Kurs,
kurz,
Kuss,
Land,
lang,
Lärm,
laut,
leicht,
Licht,
lieb,
Lied,
Lift,
links,
Loch,
Lohn,
Luft,
Preis,
Prost!,
Punkt,
quer,
Rad,
Rauch,
Raum,
Recht,
rechts,
reich,
Reis,
Rest,
Rind,
Ring,
Rock,
rot,
Ruf,
rund,
Saft,
Salz,
Sand,
Satz,
Schaf,
scharf,
Scheck,
Schein,
schief,
Schiff,
Schild,
schlank,
Schlecht,
schlimm,
Schloss,
schmal,
Schmerz,
Schmuck,
schnell,
schon,
schön,
Schrank,

Schrift,
Schuld,
Schutz,
schwach,
schwamm,
schwarz,
Schwein,
Schweiz,
schwer,
sechs,
Sex,
Sinn,
Sitz,
Sohn,
sonst,
Spaß,
spät,
Spiel,
spitz,
Sport,
Stadt,
Stall,
stark,
Start,
statt,
steil,
Stein,
Stern,
stets,
still,
Stirn,
Stock,
Stoff,
stolz,
Strand,
Streik,
Streit,
streng,
Stress,
Strom,
Stuck,
Stuhl,
stumm,
Sturm,
Sud-,
suß,
Tag,
Tal,
Tanz,
Tat,
taub,
Test,
Text,
tief,
Tier,
Tisch,
Tod,
Topf,
Tor,
tot,
Trend,
trotz,
Tuch,
Tur,
Turm,
Typ,
typisch,
Uhr,
um,
viel,
vier,
Volk,
voll,
von,
vor,
Wahl,
wahr,
Wald,
Wand,
wann,
warm,
was,
Weg,
wegen,
weich,
weil,
Wein,
weiß,
weit,
Welt,
wenn,
Werk,
Wert,
West-,
Wind,
Wirt,
Wort,
Wunsch,
Wurst,
Yacht,
Zahl,
Zahn,
zehn,
Zeit,
Zelt,
Zeug,
Ziel,
Zins,
Zoll,
Zug,
zwölf

음절구조의 확대

Übung 11의 예시들은 닫친 음절의 [자음+모음+자음] 기본구조를 유지하거나 확대하는 형태를 보인다.

<Strom>과 <Pflicht> 등에서와 같은 음절낱말에서 볼 수 있듯 음절시작부분은 [(자음)+자음+자음+모음+자음]의 형태로, <Herbst>에서 음절끝부분은 [자음+모음+자음+자음+자음+자음]의 형태로 확대되고 있음을 보여준다.

이를 기반으로 한 독일어 닫친음절의 (확대)구조는 다음과 같이 요약될 수 있다(Duden4, 1009:45).

[((자음+)(자음+)) **자음+모음+자음** ((+자음)(+자음)(+자음))]

이는 독일어 닫친 음절이 음절 핵인 모음을 중심으로 시작부분은 3개의 자음 그리고 끝부분은 4개의 자음을 통해 형성될 수 있음을 보여준다.

반면, 독일어에는 음절도식 기본형에서 벗어나, 음절 끝부분에 자음이 나타나지 않는 [자음+모음] 형태의 열린음절은 다음의 구조를 띤다.

[((자음+) (자음+)) **자음+모음**]

Übung 12

다음은 열린음절 또는 닫친음절 1개만으로 형성된 낱말들이다. 이들을 관찰하고 어떤 형태의 음절확대구조를 포함하는지를 설명해보자.

Bau
bei
blau
da
drei
Ei
Frau
frei
froh
früh
grau
ja
je
Knie
Kuh
Mai
neu
nie
pro
rau
roh
Schuh
sie
so
Stau
Thai
treu
Vieh
wie
wo
zwei
zu
ab
ach

Bach
Buch
Bauch
bald
Wald
Berg
Werk
hoch
Dorf
dort
Ort
fein
Feind
Flug
Flur
Fuß
Fass
Glas
Gras
glatt
platt
groß
Gruß
Hass
Kuss
Herbst
Obst
Huhn
Hund
Mund
rund
kund
Kind
Macht

Markt
Mett
nett
Ohr
Uhr
Pflicht
Licht
leicht
Rock
Sand
Land
fand
schief
Schiff
Schild
Schilf
schlank
Schrank
schwach
schwarz
sechs
Sex
stark
Start
statt
steil
Stein
Stern
Stirn
Stock
Stoff
Strom
Sturm
tief

Tier
Tod
Topf
Torf
Tur
Turm
viel
vier

Volk
voll
vor
Wahl
wahr
warm
Wurm
weich

weiß
weit
Welt
Wert
Wirt
Wort
Wurst
Zahl

Übung 13

단음절 낱말예시를 바탕으로 독일어소리와 문자표기간의 관계와 문자표기의 음절 내 위치를 기반으로 아래의 '독일어낱말예시'와 음절위치에 따른 독일어자음의 실현 대비쌍를 완성해보자.

독일어모음	독일어모음표시문자			독일어낱말예시
강 – 약 – 복모음	시작	음절 핵	끝	
[a:] [a] [aɪ] [aʊ]		⟨a⟩⟨aa⟩⟨ah⟩ ⟨a⟩ ⟨ei⟩⟨ai⟩⟨ey⟩⟨ay⟩ ⟨au⟩		
[e:] [ɛ:] [ɛ]		⟨e⟩⟨ee⟩⟨eh⟩ ⟨ä⟩⟨äh⟩ ⟨e⟩⟨ä⟩		
[i:] [ɪ]		⟨i⟩⟨ie⟩⟨ieh⟩ ⟨i⟩		
[o:] [ɔ] [ɔɪ]		⟨o⟩⟨oo⟩⟨oh⟩ ⟨o⟩ ⟨äu⟩⟨eu⟩⟨oi⟩		
[ø:] [œ]		⟨ö⟩⟨öh⟩ ⟨ö⟩		
[u:] [ʊ]		⟨u⟩⟨uh⟩ ⟨u⟩		
[y:] [ʏ]		⟨ü⟩⟨üh⟩ ⟨ü⟩⟨y⟩		

독일어자음		독일어자음표시문자			독일어낱말예시
장애음 및 비음		시작부분	핵	끝부분	
파열음	[p]	⟨p⟩		⟨p⟩⟨pp⟩⟨b⟩⟨bb⟩	
	[b]	⟨b⟩			
	[t]	⟨t⟩⟨*th*⟩		⟨t⟩⟨tt⟩⟨d⟩⟨dd⟩⟨dt⟩	
	[d]	⟨d⟩			
	[k]	⟨k⟩⟨ch⟩		⟨k⟩⟨ck⟩⟨ch⟩⟨g⟩	
	[g]	⟨g⟩			

마찰음	[f]	⟨f⟩⟨*ph*⟩⟨v⟩		⟨f⟩⟨ff⟩⟨*ph*⟩⟨v⟩	
	[v]	⟨v⟩⟨w⟩		⟨v⟩	
	[s]			⟨s⟩⟨ss⟩⟨ß⟩	
	[z]	⟨s⟩			
	[ʃ]	⟨sch⟩		⟨sch⟩	
	[ç]	⟨ch⟩		⟨ch⟩⟨g⟩	
	[x]			⟨ch⟩	
	[h]	⟨h⟩			
파찰음	[ʦ]	⟨z⟩		⟨z⟩⟨ts⟩⟨**tz**⟩	
유음	[l]	⟨l⟩		⟨l⟩⟨ll⟩	
	[ʁ]	⟨r⟩		⟨r⟩⟨rr⟩	
비음	[m]	⟨m⟩		⟨m⟩⟨mm⟩	
	[n]	⟨n⟩		⟨n⟩⟨nn⟩	
	[ŋ]			⟨ng⟩⟨n⟩	
기타	[j]	⟨j⟩⟨y⟩			
	[kv]	⟨qu⟩			

음절위치	독일어 자음소리																				
시작부분	p	b	t	d	k	g	f	v		z	ʃ	ç	x	h	ʦ	l	ʁ	m	n		j
끝부분																					

3.3 음절경계와 낱말의 음절구분

음절경계[Silbengrenze]와 경계변화

우리의 독일어 음절구분 및 이해능력을 되짚어 보면서 2음절로 구성된 낱말 <reisen>-['ʁaɪzən]과 <reißen>['ʁaɪsən]의 음절경계를 표시해 보자.

<reisen>['ʁaɪzən]의 경우 우리는 분석적이기 보다는 직관적으로 문자음절은 <rei-sen>으로 그리고 소리음절은 ['ʁaɪ zən]으로 경계를 구분할 수 있다. 만약 낱말 <reißen>이 국제음성부호인 ['ʁaɪsən]로 표시된 경우라면, 이를 <rei-sen>의 경우와 동일하게 우리의 언어경험에 의해 ['ʁaɪ sən]으로 분리하면 된다. 하지만 ['ʁaɪsən]이 낱말 문자 <reißen>으로 표시된 경우, 이 낱말의 음절경계를 과연 <rei-ßen>으로 혹은 <reiß-en>으로 구분을 해야 할지 의문스러워지기 시작한다.[29]

우리의 관심사를 <문자음절>을 의미를 전달하고 이해 가능한 [소리음절]로 전환하는 방법을 습득하는 것으로 고정한다면, <reißen>을 <rei-ßen>으로 혹은 <reiß-en>으로 구분해야 할지에 대한 의문은 독일어 문자 <ß>는 물론 예를 들어 <dt>, <ck>, <chs>, <ng>, <nk>, <pf>, <sp>, <tz> 등과 같이 자음표시문자나 문자조합이 문자음절경계에 나타나는

29 이는 독일어 문자<ß>는 주로 단모음 뒤에 사용되고, 음절 또는 낱말의 마침, 경우에 따라서는 낱말어간을 표시하는 기능을 포함한다(Duden 1, 2004:81), 또한 독일어자음 [s]는 음절의 시작부분에서는 나타나지 않고 음절의 끝부분에서만 나타난다는 기술과 무관하지는 않다. 이런 이유에서 음절경계구분이 언제나 합리적이지만은 않다.

낱말의 경우에는 언제나 대두될 수 있다.[30]

따라서 '<문자음절>을 [소리음절]로 전환하는 방법을 이해한다'는 것은 소리음절은 언제나 [자음+모음]형태의 최소 필수구조를 갖는 구조를 이해하는 것에 더해 이를 음운론적으로 구분하는 방법 그리고 <문자음절>과 [소리음절]간의 상관성도 이해해야 함을 의미한다.

30 우리는 두 개 이상의 낱말이 합해 형성된 낱말구성성분을 구분-분리하여 읽고, 이들을 다시 재결합시켜 새로운 합성의미를 유추하기도 한다. 이는 우리가 우리말과 다른 외국어학습과정에서 배운 낱말형성과 의미결합의 유사성을 통해 음절의 의미와 그 구분방법을 이미 습득하고 있음을 의미한다. 더욱이 중첩표시문자가 포함된 낱말의 음절구분에 관한 지식 등도 이미 학습한 언어와 독일어의 유사성에 기대어 익힌 학습결과라 할 수 있다. 이런 문자음절을 소리음절로 전환하는 방법에 관한 지식은 독일어를 읽거나 더 나아가 독일어로 자신의 의사를 전달하고자 할 때 특별한 자신감을 준다. 하지만 독일어 음절이 다른 언어와 유사한 점도 있지만, 반대로 상이한 점도 있다는 사실을 파악하지 못하면, 기왕의 음절구분에 대한 지식은 올바른 독일어 음절구분을 위한 장해요소로 작용할 수도 있다. 결과적으로 독일어 언어관습에서 벗어난 이해할 수 없는 소리로 발화될 수 있음을 명심해야 한다. 큰 낱말영역 안에서는 우리말과 독일어 음절구분방법이 서로 비슷할 수도 있겠지만, 분절된 문자음절을 다시 소리화해야 하는 우리의 관점은 또 다른 의미를 포함한다. 특히, 독일어 낱말경계에 나타나는 낱말접합요소[Fugenelemente]인 <-e->, <-s->, <-es->, <-n->, <-en->, <-er->, <-ens-> 등의 분철과 발음 그리고 음절경계변화에 따른 말음경화현상[Auslautverhärtung]의 예외 등에 각별히 유의해야 한다.

Übung 14

'음절은 [자음+모음] 형태의 최소 필수구조를 갖는다'는 사실을 기반으로 다음 낱말들의 음절경계를 표시해보자.

Becken,
drucken,
Ecke,
Hacken,
Mücke,
Katze,
Köpfe,
raspeln,
Sachsen,
Schwester,
Sechstel,
Verwandter,
Wanken,
witzig,
Zapfen,
Zucker

동사 <schreiben>의 원형의 음절경계를 기준으로 음절경계의 위치와 실현형태를 표시하는 도표를 완성해보자.

실현환경	동사형태	음절경계	위치와 실현형태
원형	schreiben	schrei-ben	〈b〉-시작부분-[b]
ich	schreibe		
du	schreibst		
er	schreibt		
명령형	schreib!		
wir	schreiben		
과거형	schrieb		
과거분사	geschrieben		

음절구분규칙

우리의 관점에서 <문자음절>을 [소리음절]로 전환하는 과정에서 우선 필요한 것은 여러 개의 음절로 형성된 의미단위인 '낱말'을 단일 <문자음절>로 구분해서 파악하는 능력이고, 이를 독일어 언어관습에 맞게 [소리]화하는 능력이다.

이런 의미단위 분절능력과 이를 언어(소리)화하는 능력은 '여러 개의 낱말이 복합어를 형성하는 경우, 낱말의 경계에서 음절이 구분된다'는 낱말단위의 음절분리원칙에서부터 '근간어와 파생어미 또는 접두어 사이에서 음절이 형성된다'는 내용은 물론, '[p, t, k]와 뒤따르는 음들 [b, d, g, v, z, ʒ, ʤ]들 사이에서 음절이 구분된다'는 것과 같은 음절구분 규칙들을 근간으로 한다. 이에 더해 이런 규칙들이 다른 분절규칙들과의 관계 안에서 나타나는 우선규칙들에 관한 지식과도 연계된다.

여기에서는 일반적인 <문자음절>표시규칙에 따라 여러 음절로 형성된 낱말을 중심으로 우리에게 필요한 최소한의 규칙들을 적용하여 독일어 낱말의 음절구조를 파악하고 응용하는 방법을 시도한다.[31]

- 앞의 음절이 <열린음절>이 되도록 우선순위를 둔다(독일어 음절 특성).
  – <모음+자음+모음>표시문자는 <모음>+<자음+모음>으로 음절을 구분
- 같은 자/모음표시문자들 사이에 우선순위를 둔다(장모음표시, 음절관절).
  – 동일한 <모음>표시문자 사이와 동일한 <자음>표시문자 사이에서

31 독일어 문자음절을 정확한 독일어 소리음절로 재생하는 능력은 독일어를 학습하다보면 -독일인들처럼 자연적인 언어습득과정을 통해 음절구분을 위한 원리나 규칙들을 모르면서도- 점차적으로 경우에 따라서는 부수적으로도 습득할 수 있다. 우리가 그렇게 독일어소리를 이해하는 것이 바람직하겠지만, 언어경험에 기댄 소리습득 및 음절구분은 우리에게 비현실적일 수밖에 없다.

음절을 구분

- 분리-비분리 전철과 낱말어간 사이에 우선순위를 둔다(파생접두어).
  –비분리와 분리전철 다음에서 음절을 구분
- 낱말어간과 파생어 어미사이에 우선순위를 둔다(파생접미어).
  – 파생어미 앞에서는 언제나(예외 <-ung>) 음절을 구분
- 낱말과 낱말 사이에 우선순위를 둔다(복합낱말).
  – 낱말의 연결부분에서 음절을 구분하고 연결<s>는 앞 낱말로 구분[32]

---

32 복합어/합성어에 <-e->, <-s->, <-es->, <-n->, <-en->, <-er->, <-ens-> 등으로 나타나는 낱말접합요소[Fugenelemente]는 계열체계적인[paradigmatisch] 요소와 계열비체계적인[unpardigmatisch] 요소로 분류할 수 있다. 계열체계적인 요소란 예를 들어 <die Schule des Beruf(e)s>의 의미를 가진 복합어인 <Berufsschule>가 형성될 때, 첫 번째 요소인 <Berufs>가 <die Schule des Beruf(e)s>에서의 <Beruf(e)s>와 똑같은 형태인 <die **Berufs-** schule>로 형성되는 것을 의미한다. 이때 이 접합요소<-s>는 문법적인 의미를 표시하지는 않는다. 계열비체계적인 접합요소는 복합어가 형성될 때, 복합어 첫 번째 요소에 똑같은 형태가 나타나지 않는 것을 의미한다. 독일어의 유일한 계열비체계적인 접합요소는 <-s->이다. <-s->는 여성을 표시하는 파생어미 뒤와 <-t>로 끝나는 여성명사 뒤에 예를 들어 <Zeitungs-kiosk, arbeits-los>에서와 같이 규칙적으로 나타난다. 복합어가 형성될 때 낱말접합요소가 임의적으로 추가되거나 삭제되는 것은 아니다. 접합요소의 삽입여부와 종류선정은 복합어의 첫 번째 낱말의 음운적인 그리고 형태론적인 특성에 따라 결정되어 진다(Duden4, 2009:714-716).

Übung 15

<모음+자음+모음>이 연속으로 나타나면, <모음>과 <자음 +모음> 사이에서 음절을 구분한다. <닫친음절>과 <열린음절>이 상충하는 경우에는 앞의 음절이 <열린음절>이 되도록 즉 다음 음절이 <자음>으로 시작하도록 문자음절의 경계를 구분해서 제시했다. 이를 소리음절로 전환해 보자. 이 과정에서 다른 음절경계가 가능한 부문을 밑줄로 표시하여 MEMO에 적어두자.

Abi-tur,
Ah-le,
bei-de,
be-quem,
Be-richt,
Be-ruf,
be-rühmt,
Be-such,
be-su-chen,
be-ten,
Be-ton,
Be-weis,
bie-ten,
Bo-den,
bö-se,
Brü-cke,
Bru-der,
bu-chen,
Büh-ne,
Bü-ro,
Bu-sen,
Da-me,
da-nach,
Da-tum,
De-cke,
Deu-tsche,
die-se,
di-rekt,
do-se,

drau-ßen,
dre-hen,
drei-ßig,
drin-gend,
Dro-ge,
dru-cken,
drü-cken,
Du-sche,
du-schen,
e-ben,
Ei-le,
Ei-sen,
E-cke,
Ele-ment,
fah-ren,
Fah-rer,
feh-len,
Feh-ler,
Fie-ber,
Fi-gur,
Fla-sche,
flie-gen,
flie-ßen,
flie-ßend,
Fo-to,
fort-tra-gen,
Fra-ge,
fra-gen,
Frei-tag,

freu-en,
frie-ren,
früh-er,
füh-len,
füh-ren,
Füh-rung,
Ga-bel,
Ge-bäu-de,
ge-ben,
Ge-fahr,
Ge-fühl,
ge-gen,
Ge-gend,
Ge-halt,
ge-heim,
ge-hen,
ge-nau,
ge-nau-so,
ge-nug,
Ge-päck,
ge-ra-de,
ge-samt,
Ge-schäft,
Ge-schlecht,
Ge-schmack,
Ge-setz,
Ge-sicht,
Ge-spräch,
ge-sund,

Ge-tränk,
Ge-walt,
Ge-wicht,
Ge-winn,
Ge-würz,
gla-tze,
glau-ben,
gra-tis,
ha-ben,
Ha-fen,
Ha-ken,
He-cke,
häu-fig,
he-ben,
Hei-mat,
hei-zen,
Hei-zung,
heu-te,
Hö-he,
ho-len,
hö-ren,
Hö-rer,
Ho-se,
Hu-mor,
hu-pen,
Ja-cke,
je-de,
je-doch,
je-mand,
je-weils,
Ju-gend,
Ju-li,
ka-putt,
Kä-se,
Ka-tze,
kau-fen,
Ki-no,
kla-gen,
Kla-vier,
kle-ben,
Klei-dung,
Kli-ma,
Kli-nik,
klo-pfen,
ko-chen,
Koh-le,
ko-misch,
Kre-dit,
Kreu-zung,
krie-gen,
Kri-mi,
Kri-se,
Kri-tik,
kri-tisch,
Kü-che,
lä-cheln,
la-chen,
La-den,
La-ge,
lau-fen,
Lau-ne,
le-ben,
Le-der,
le-dig,
le-gen,
Leh-rer,
lei-den,
lei-der,
lei-hen,
lei-se,
lei-sten,
Leis-tung,
lei-ten,
Lei-ter,
Lei-tung,
le-sen,
Leu-te,
Lie-be,
lie-ben,
lie-gen,
Li-ste,
Li-ter,
lo-ben,
Lo-kal,
lö-sen,
Lö-sung,
loh-nen,
lü-gen,
ma-chen,
Ma-cht,
Ma-gen,
ma-ger,
ma-len,
Ma-ler,
mei-nen,
Mei-nung,
mei-stens,
Mei-ster,
Me-tall,
Me-ter,
Mie-te,
mie-ten,
Mie-ter,
mi-schen,
Mö-bel,
möb-liert,
Mo-de,
mo-dern,
mö-gen,
Mo-ment,
Mo-nat,
Mo-ped,
Mo-tor,
mü-de,
Mu-sik,
Na-cken,
Na-gel,
nä-hen,
Na-me,
Na-se,

Na-tur,
Ne-bel,
ne-ben,
neh-men,
nie-mand,
No-te,
nö-tig,
No-tiz,
Nu-deln,
o-ben,
O-ber,
O-fen,
oh-ne,
O-ma,
O-pa,
O-per,
pa-cken,
Pa-ckung,
Pa-ket,
Pa-pier,
pa-cken,
Pau-se,
pfle-gen,
Pi-lot,
Pla-kat,
pla-nen,
pri-ma,
pri-vat,
Pro-blem,
Pro-dukt,
Pro-fi,
Pro-gramm,
Pro-jekt,
Pro-spekt,
Pro-test,
Pro-zent,
Pro-zess,
prü-fen,
Prü-fung,
pu-tzen,
Ra-dio,
ra-ten,
rau-chen,
Re-de,
re-den,
Re-form,
Re-gal,
Re-gel,
re-geln,
Re-gen,
reg-nen,
Rei-fen,
Rei-he,
Rei-se,
rei-sen,
Re-kord,
rie-chen,
Rü-cken,
ru-fen,
Ru-he,
ru-hig,
Sa-che,
sa-gen,
Sah-ne,
Sa-lat,
sau-ber,
scha-de,
scha-den,
schei-nen,
Sche-re,
schie-ben,
schla-fen,
schla-gen,
schmu-tzig,
schnei-den,
Schnu-pfen,
schrei-ben,
Schu-le,
Schü-ler,
schü-tzen,
schwei-gen,
schwie-rig,
schwi-tzen,
se-hen,
Sei-fe,
Sei-te,
se-tzen,
si-cher,
si-chern,
sie-ben,
sie-gen,
si-tzen,
so-bald,
so-fort,
so-gar,
so-lange,
so-zi-al,
spa-ren,
spä-ter,
Spie-gel,
spie-len,
Spra-che,
spre-chen,
sprin-gen,
Spri-tze,
spü-len,
Sta-tion,
ste-cken,
Ste-cker,
ste-hen,
steh-len,
stei-gen,
stö-ren,
Stra-fe,
Stre-cke,
Stu-dent,
Stu-fe,
Stun-de,
su-chen,
Ta-rif,

Ta-sche,
tau-send,
Thea-ter,
The-ma,
Ti-tel,
Toi-let-te,
tö-ten,
Tou-rist,
tra-gen,
träu-men,
trau-rig,
trei-ben,
tre-ten,
tro-pfen,
ü-ben,
ü-ber,
Va-ter,
Vi-sum,
Vo-gel,
Wa-gen,
wäh-len,
wäh-rend,
Wäh-rung,

wa-rum?,
Wä-sche,
wa-schen,
wech-seln,
we-cken,
We-cker,
wei-nen,
we-nig,
wie-gen,
Wie-se,
wie-so,
Wo-che,
woh-nen,
wo-mit,
wo-zu,
wü-tend,
zah-len,
Zeu-ge,
zie-hen,
Zu-cker,
zu-erst,
Zu-fahrt,
Zu-fall,

zu-frie-den,
Zu-hau-se,
zu-hör-en,
Zu-hö-rer,
Zu-kunft,
zu-letzt,
zu-ma-chen,
zu-neh-men,
zu-rück,
zu-schau-en,
Zu-schau-er,
Zu-stand,
zwei-fel,
zwei-feln,
Zwi-bel,
zwin-gen,
zwi-schen
Zei-chen,
zei-gen,
Zei-le,
Zei-tung,

MEMO:

Übung 16

동일한 <모음>과 <모음> 그리고 동일한 <자음>과 <자음>사이에서 문자음절의 경계를 구분해서 제시했다. 이를 소리음절로 전환해 보자. 또한 다른 음절경계가 가능한 부문을 밑줄로 표시하고 근거를 MEMO에 기록해두자. 동일한 <모음>+<모음>의 경우에는 해당모음의 장음으로 간주하고 길게 붙여 발음하고, 동일한 <자음>+<자음>일 경우에는 두 <자음> 사이를 분철하고 두 음절을 붙여 빠르게 발음한다.

Ha-ar,
Pa-ar,
Fei-er,
fei-ern,
Natri-um,
Dau-er,
dau-ern,
sau-er,
schau-en,
Schau-er,
schnei-en,
Schrei-en,
Situ-ation,
Steu-er,
steu-ern,
vertrau-en,
hof-fen,
Kof-fer,
Löf-fel,
Nef-fe,
of-fen,
Pfef-fer,
schaf-fen,
tref-fen,
veröf-fentlichen,
jog-gen,
bil-lig,
Bril-le,
fal-len,
Hal-le,
Kel-ler,
Rol-le,
sol-len,
Stel-le,
Stel-lung,
Tel-ler,
viel-leicht,
völ-lig,
Wol-le,
wol-len,
Gum-mi,
Ham-mer,
Him-mel,
im-mer,
kom-men,
Num-mer,
sam-meln,
schwim-men,
Som-mer,
Stim-me,
stim-men,
Stim-mung,
Zim-mer,
bren-nen,
brun-nen,
Don-ner,
drin-nen,
ein-nehmen,
in-nen,
ken-nen,
Pan-ne,
kön-nen,
nen-nen,
Son-ne,
son-nig,
Sonn-tag,
span-nend,
Span-nung,
Ten-nis,
tren-nen,
dop-pelt,
Grip-pe,
Grup-pe,
klap-pen,
Lip-pe,
stop-pen,
Sup-pe,
Tep-pich,
Trep-pe,
ir-ren,
Ter-ras-se,
ver-ruckt,
Ver-such,
Aus-sicht,
ab-pas-sen,
bis-schen,
flus-sig,

fres-sen,
has-sen,
Kas-se,
Klas-se,
klas-sisch,
Küs-sen,
mes-sen,
Mes-ser,
pas-sen,
pas-siv,
Pres-se,
Schlüs-sel,
Ses-sel,
Tas-se,
Ter-ras-se,
verbes-sern,
Was-ser,
Wis-sen,
bit-ten,
But-ter,
drit-ter,
fort-tra-gen,
Ket-te,
klet-tern,
Plat-te,
ret-ten,
Schat-ten,
Toi-let-te,
Ta-blet-te,
Quit-tung,
Wet-ter,
Zet-tel,
Zi-ga-ret-te,
ant-wor-ten,
Aus-län-der,
aus-län-disch,
aus-rech-nen,
Far-be,
far-big,
Fen-ster,

Dich-ter,
Ben-zin,
brem-sen,
brin-gen,
dun-kel,
Bür-ger,
Bür-ste,
des-to,
Dok-tor,
Ein-fluss,
Ein-gang,
ein-sam,
Ein-tritt,
ein-zeln,
ein-zig,
El-tern,
En-de,
eng-lisch,
En-kel,
En-te,
ent-lang,
Er-de,
Er-folg,
Ern-te,
Fab-rik,
fin-den,
Fin-ger,
Fir-ma,
for-dern,
For-schung,
Frem-de,
Gar-ten,
gel-ten,
ges-tern,
gif-tig,
Gren-ze,
grün-den,
gül-tig,
gün-stig,
Gür-tel,

hal-be,
Hälf-te,
halt-bar,
hal-ten,
han-deln,
hän-gen,
hel-fen,
Her-kunft,
Hil-fe,
hin-dern,
hin-ten,
hin-ter,
Hin-weis,
hun-dert,
Hun-ger
hus-ten,
Im-port,
in-halt,
In-sel,
Käl-te,
käm-pfen,
Kar-te,
Kas-ten,
Kir-che,
klin-geln,
kon-kret,
Kon-takt,
Kon-to,
Kon-zert,
Kör-per,
kos-ten,
Kos-tüm,
kräf-tig,
Kran-ke,
Kul-tur,
Kun-de,
Künst-ler,
Kur-ve,
Küs-te,
Lam-pe,

lan-den,
ler-nen,
Ler-ner,
les-bisch,
letz-tes,
lus-tig,
Mäg-de,
Man-tel,
Mar-ke,
Mau-er,
mel-den,
Men-ge,
mer-ken,
Mit-glied,
Mit-tag,
Mit-te,
Mit-tel,
Mitt-woch,
mög-lich,
Mon-tag,
Mor-gen,
Mut-ter,
neb-lig,
ner-vös,
neun-zig,
Nich-te,
nied-rig,
nir-gends,
Nor-den,
nü-tzen,
Ob-jekt,
ob-wohl,
öff-nen,
ord-nen,
Ord-ner,
Ord-nung,
Or-gan,
Os-ten,
Os-tern,
O-val,

Par-tei,
Part-ner,
per-fekt,
Pflan-ze,
Pick-nik,
Plas-tik,
Por-tion,
prak-tisch,
rech-nen,
Rech-nung,
Ren-te,
Rent-ner,
Re-zept,
Rich-ter,
rich-tig,
Rich-tung,
Sams-tag,
Sal-be,
Sän-ger,
Schach-tel,
Schal-ter,
schen-ken,
schim-pfen,
Schul-den,
schul-dig,
sech-zehn,
sech-zig,
sel-ten,
sen-den,
Sen-dung,
sen-ken,
sieb-zehn,
sieb-zig,
Sil-ber,
sin-gen,
sinn-los,
Sol-dat,
son-dern,
Sor-ge,
star-ten,

Stem-pel,
ster-ben,
stür-zen,
Tan-te,
tan-zen,
Tech-nik,
tech-nisch,
teil-neh-men,
Ter-min,
Toch-ter,
Trans-port,
trin-ken,
trock-nen,
trotz-dem,
tur-nen,
üb-ri-gens,
Um-ge-bung,
Um-lei-tung,
um-sonst,
um-stei-gen,
um-tau-schen,
Um-welt,
um-zie-hen,
Um-zug,
un-bedingt,
un-bekannt,
un-bezahlbar,
un-gemütlich,
Un-glück,
un-gün-stig,
Un-sinn,
un-ten,
un-ter,
un-ter-hal-ten,
Un-ter-hal-tung,
Un-ter-kunft,
Un-ter-richt,
un-ter-rich-ten,
un-ter-schei-den,
Un-ter-schied,

Un-ter-schrei-ben,
Un-ter-schrift,
un-ter-stu-tzen,
un-ter-su-chen,
un-ter-wegs,
Ur-laub,
Ur-sa-cher,
Ur-teil,
Ver-hält-nis,
ver-kaufen,
Ver-käufer,
Ver-kehr,
Ver-lust,
veröffent-lichen,
Ver-samm-lung,
ver-teidigen,
Ver-teidigung,
ver-teilen,
Ver-trag,
ver-trauen,
ver-treten,
Ver-treter,
Ver-wal-tung,
ver-wandt,
ver-wech-seln,
ver-wen-den,
ver-wit-wet,
ver-zeichen,
vier-zig,
Vor-fahrt,
vor-ges-tern,
vor-her,
vor-hin,
vor-kom-men,
vor-läufig,
Vor-name,
Vor-schrift,
Vor-sicht,
vor-stel-len,
Vor-stel-lung
Vor-spei-se,
Vor-tiel,
Vor-trag,
wach-sen,
wan-dern,
Wan-de-rung,
Wan-ge,
Wär-me,
war-nen,
weg-fahren,
wen-den,
Wer-bung,
wer-fen,
Werk-statt,
wes-halb?,
wes-wegen?,
wich-tig,
will-kom-men,
win-ken,
Win-ter,
wir-ken,
Wir-kung,
Wol-ke,
Wun-de,
wun-dern,
wun-schen,
Wur-fel,
wur-feln,
zeich-nen,
Zeich-nung,
zent-ral,
(zent-ra-le)
Zent-rum,
Zit-rone,
zwan-zig

MEMO:

Übung 17

<er->, <be->, <ge->, <ver->, <zer->, <ent->, <emp->, <miß->와 <ab->, <ein->, <über->, <um-> 등과 같은 비분리 분리전철 다음에서 문자음절의 경계를 구분해서 제시했다. 이를 소리음절로 전환해 보자. 다른 음절경계가 가능한 음절을 밑줄로 표시하고 근거를 MEMO에 기록해두자.

er-eignen,
er-fahren,
er-finden,
er-geben,
er-halten,
er-höhen,
er-holen,
er-innern,
er-kälten,
er-kennen,
er-klären,
er-kundigen,
er-lauben,
er-leben,
er-ledigen,
er-nähren,
er-öffnen,
er-raten,
er-reichen,
er-scheinen,
er-schließen,
er-schrecken,
er-warten,
er-zählen,
er-ziehen,
be-achten,
be-deuten,
be-dienen,
be-eilen,
be-einflussen,
be-fragen,
be-gegnen,
be-ginnen,
be-greifen,
be-grunden,
be-grußen,
be-halten,
be-handeln,
be-haupten,
be-hindert,
be-kommen,
be-leidigen,
be-merken,
be-raten,
be-richten,
be-schädigen,
be-schäftigen,
be-schrieben,
be-sitzen,
be-sorgen,
be-stätigen,
be-stehen,
be-stellen,
be-stimmen,
be-strafen,
be-tragen,
be-trugen,
be-werben,
be-zahlen,
be-ziehen,
ge-brauchen,
ge-fallen,
ge-hören,
ge-schehen,
Ge-schwister,
ver-ab-reden,
Ver-ab-redung,
ver-ab-schieden,
ver-ändern,
Ver-an-staltung,
ver-antwortlich,
Ver-band,
ver-bessern,
Ver-besserung,
ver-bieten,
ver-binden,
Ver-bindung,
Ver-bot,
ver-brauchen,
Ver-braucher,
ver-brennen,
ver-bringen,
ver-dienen,
Ver-ein,
ver-fahren,
ver-geben,
ver-gessen,
Ver-gleich,
ver-gleichen,
Ver-gnugen,
ver-größern
ver-haften,
ver-halten,
Ver-hältnis,
ver-heiratet,
ver-hindern,

ver-kaufen,
Ver-käufer,
Ver-kehr,
ver-langen,
ver-längern,
ver-lassen,
ver-letzen,
Ver-letzung,
ver-lieben,
ver-lieren,
ver-mieten,
Ver-mieter,
ver-mitteln,
Ver-mittlung,
ver-muten,
ver-passen,
ver-reisen,
ver-schlechtern,
ver-schieden,
ver-schmutzen,
Ver-schmutzung,
ver-schreiben,
ver-sichern,
Ver-sicherung,
ver-späten,
Ver-spätung,
ver-sprechen,
ver-stehen,
Ver-stand,
Ver-ständnis,
ver-suchen,
Ver-such,
ver-öffentlichen,
ver-wechseln,
ver-teilen,
Ver-trag,
ver-trauen,
ver-treten,
Ver-treter,
Ver-waltung,
ver-wandt,
ver-zeichen,
Ver-zeichung,
zer-reißen,
zer-stören,
Zer-störung,
ent-decken,
ent-fernen,
ent-halten,
ent-lassen,
ent-scheiden,
ent-schlossen,
ent-sprechen,
ent-stehen,
ent-täuschen,
ent-werfen,
ent-wickeln,
emp-fangen,
emp-fehlen,
Miss-trauen,
miss-verstehen,
an-heben,
an-kommen,
an-machen,
an-melden,
An-meldung,
an-nehmen,
An-ruf,
an-rufen,
an-schaffen,
an-schauen,
an-scheinend,
an-sehen,
An-sicht,
an-tragen,
An-trag,
an-ziehen,
an-zünden,
ab-fahren,
ab-fliegen,
ab-geben,
ab-hängen,
ab-hängig,
ab-heben,
ab-holen,
ab-lehnen,
ab-machen,
ab-melden,
ab-nehmen,
ab-schließen,
ab-senden,
ab-trocknen,
auf-fordern,
Auf-gabe,
auf-geben,
auf-heben,
auf-hören,
auf-passen,
auf-räumen,
auf-regen,
auf-regend,
auf-schreiben,
auf-stehen,
auf-wachen,
aus-füllen,
aus-geben,
aus-gehen,
aus-ge-zeichnet,
Aus-kunft,
Aus-land,
aus-machen,
Aus-nahme,
aus-packen,
aus-rechnen,
aus-reichen,
aus-reichen,
aus-schließen,
aus-schalten,
aus-sehen,
aus-steigen,

aus-stellen,
aus-suchen,
aus-ziehen,
ein-fallen,
ein-kaufen,
ein-laden,
ein-packen,
ein-richten,
ein-schalten,
ein-schlafen,
ein-setzen,
ein-steigen,
ein-stellen,
ein-ver-standen,
ein-zahlen,
ein-ziehen,
hin-fahren,
hin-kommen,
hin-setzen,
hin-stellen,
Nach-richten,
nach-schlagen,
über-holen,
über-fahren,
über-legen,
über-morgen,
über-nachten,
über-nehmen,
über-queren,
über-raschen,
über-reden,
Über-schrift,
über-setzen,
Über-stunde,
Über-tragung,
Über-weisen,
Über-weisung,
Über-zeugen,
Über-zeugung,
um-leiten,
um-steigen,
um-ziehen,
unter-halten,
unter-nehmen,
unter-richten,
unter-scheiden,
unter-schreiben,
unter-suchen,
unter-werfen,
vor-aus-setzen,
Vor-aus-setzung,
vor-bereiten,
vor-fahren,
Vor-fahrt,
vor-gestern,
vor-haben,
Vor-hang,
vor-her,
vor-hin,
vor-kommen,
vor-schlagen,
Vor-schlag,
Vor-schrift,
Vor-sicht,
vor-stellen,
Vor-stellung
Vor-speise,
Vor-urteil,
vor-ziehen,
weg-fahren,
weiter-gehen,
weiter-laufen,
weiter-lesen,
wider-sprechen,
wider-spiegeln,
wieder-holen,
Wieder-hören!,
Wieder-sehen!,
will-kommen,
zu-ver-lässig,
zusammen-arbeiten

MEMO:

Übung 18

<-bar>, <-chen>, <-haft>, <-heit>, <-lein>, <-ler>, <-lich>, <-ling>, <-los>,<-nis>, <-sal>, <-sam>, <-schaft>, <-tum>, <-wärts> 등과 같은 파생어미 앞에서 문자음절의 경계를 구분해서 제시했다. 이를 소리음절로 전환해 보자. 다른 음절경계가 가능한 음절을 밑줄로 표시하고 근거를 MEMO에 기록해두자.

dank-bar,
lenk-bar,
Nach-bar,
unbezahl-bar,
wunder-bar,
Bröt-chen,
Hähn-chen,
Mäd-chen,
Mär-chen,
Päck-chen,
Würst-chen,
sagen-haft,
traum-haft,
Dunkel-heit,
Frei-heit,
Gelegen-heit,
Gesund-heit,
Gewohn-heit,
Krank-heit,
Mehr-heit,
Minder-heit,
Schön-heit,
Sicher-heit,
Trocken-heit,
Wahr-heit,
Fräu-lein,
Sport-ler,
Wand-ler,
angeb-lich,
ängst-lich,
dörf-lich,
durchschnitt-lich,
ehr-lich,
eigend-lich,
freund-lich,
fröh-lich,
grundsätz-lich,
glück-lich,
halbjähr-lich,
häss-lich,
herr-lich,
herz-lich,
hoffent-lich,
höf-lich,
jugend-lich,
künst-lich,
männ-lich,
mög-lich,
münd-lich,
näm-lich,
natür-lich,
neu-lich,
nütz-lich,
öffent-lich,
persön-lich,
plötz-lich,
pünkt-lich,
rund-lich,
sach-lich,
schäd-lich,
schließ-lich,
schreck-lich,
schrift-lich,
sport-lich,
töd-lich,
verläss-lich,
wahrschein-lich,
weib-lich,
wesent-lich,
tatsäch-lich,
üb-lich,
zärt-lich,
ungemüt-lich,
wirt-schaft-lich,
Aufmerk-sam-keit,
Mög-lich-keit,
Öffent-lich-keit,
Wirk-lich-keit,
Schwierig-keit,
Sehens-würdig-keit,
Tätig-keit,
Früh-ling,
Häft-ling,
Lehr-ling,
Lieb-ling,
Prüf-ling,
stimm-los,
mittel-los,
Kennt-nis,
Ergeb-nis,
Erlaub-nis,
Verhält-nis,
Verständ-nis,

Zeug-nis,	Freund-schaft,	Wirt-schaft,
Schick-sal,	Gemein-schaft,	Eigen-tum,
Trub-sal,	Gewerk-schaft,	Irr-tum,
aufmerk-sam,	Land-schaft,	Da-tum,
ein-sam,	Landwirt-schaft,	Wachs-tum,
gemein-sam,	Mann-schaft,	ab-wärts,
grau-sam,	Schwanger-schaft,	vor-wärts,
lang-sam,	Wissen-schaft,	ruck-wärts
spar-sam,	Verwand-schaft,	

MEMO:

Übung 19

문장의 낱말과 낱말 사이 및 낱말과 낱말이 합해진 부분에서 문자음절의 경계를 구분해서 제시했다. 이를 소리음절로 전환해 보자. 다른 음절경계가 가능한 음절을 밑줄로 표시하고 근거를 MEMO에 기록해두자.

Abend-essen,
acht-zehn,
Ansichts-karte,
Arbeit-nehmer,
Arbeits-amt,
arbeits-los,
Arbeits-mittel,
Arbeits-platz,
Arbeits-vertrag,
Autom-energie,
Atom-kraft-werk,
aus-wärts,
Augen-blick,
außer-halb,
Auto-bahn,
Bade-wanne,
Bahn-hof,
Bahn-steig,
Bauern-hof,
Baum-wolle,
Bau-stelle,
Berufs-schule,
Betribs-rat,
Blei-stift,
Brett-spiel,
Brief-kasten,
Brief-marke,
Brief-träger,
Brief-umschlag,
Buch-handlung,
Buch-stabe,
Burger-meister,
Camping-platz,
Computer-spiel,
da-bei,
da-fur,
da-gegen,
Deutsch-kenntnisse,
Doppel-name,
Doppel-zimmer,
dies-mal,
dort-hin,
drei-zehn,
eben-falls,
eben-so,
Eigentums-wohnung,
Ein-druck,
ein-fach,
Ein-fahrt,
Ein-fluss,
Ein-gang,
Ein-ladung,
ein-mal,
Ein-tritt,
Einbahn-straße,
Eis-kunstlauf,
Elektro-geschäft,
Erd-geschoss,
Erd-teil,
Ess-zimmer,
Fach-arbeiter,
Fahr-karte,
Fahr-plan,
Fahr-rad,
Familien-name,
Familien-stand,
farb-los,
Feier-tag,
fern-sehen,
fest-stellen,
Feuer-wehr,
Film-kamera,
Film-studio,
Flug-hafen,
Flug-zeug,
Fremd-sprache,
Fuß-ball,
Fuß-gänger,
Fußgänger-zone,
Gast-haus,
Geburts-datum,
Geburts-ort,
Geburts-tag,
Geld-hunger,
gleich-zeitig,
Grund-schule,
Halb-insel,
halb-jährlich,
Halb-pension,
Halte-stelle,
Hand-arbeit,
Hand-ball,
Hand-tuch,
Hand-werker,
Haupt-straße,
Haus-arbeit,
Haus-aufgabe,
Haus-frau,
Haus-halt,
Haus-mann,
Heim-weh,
Himmels-richtung,

Hoch-haus,
Hoch-schule,
Hoch-zeit,
Kauf-haus,
Kino-karte,
Kleider-geschäft,
Koffer-raum,
Kraft-werk,
Kranken-haus,
Kranken-kasse,
Kranken-schein,
Kranken-schwester,
Kranken-wagen,
Kredit-karte,
Kubik-meter,
Kugel-schreiber,
Kuhl-schrank,
Kunst-stoff,
Kunst-werk,
Kurs-buch,
Land-karte,
Lang-laufen,
Last-wagen,
Lebens-gefahr,
Lebens-lauf,
Lebens-mittel,
Luft-post,
Mädchen-name,
Mahl-zeit,
manch-mal,
Miet-wohnung,
Mineral-wasser,
Miss-erfolg,
Miss-trauen,
Miss-verständnis,
Miss-verstehen,
mit-einander,
mit-nehmen,
Motor-rad,
Musik-stuck,

Mutter-sprache,
nach-denken,
Nach-frage,
Nach-mittag,
Nach-teil,
Nach-tisch,
Nagel-schere,
Nahrungs-mittel,
Natur-schutz,
neben-an,
neben-bei,
neun-zehn,
Ober-arm,
ober-halb,
Ober-körper,
Ober-schenkel,
Ober-schicht,
Ohr-ring,
Park-platz,
Park-verbot,
Post-amt,
Post-bank,
Post-karte,
Post-konto,
Post-leit-zahl,
Post-schalter,
preis-wert,
Radier-gummi,
Rat-haus,
regel-mäßig,
Reihen-folge,
Reihen-haus,
Reise-buro,
Reise-pass,
Reise-vorschrift,
Ruckfahr-karte,
Ruck-sicht,
ruck-wärts,
Ruf-nummer,
Rund-funk,

Schau-fenster,
Schau-spieler,
Schlaf-zimmer,
Schlag-zeile,
Schreib-maschine,
Schuh-macher,
sinn-los,
sinn-voll,
Sky-fahren,
Sonder-angebot,
Sozial-amt,
Sport-platz,
Sprech-stunde,
Sprich-wort,
Stadt-plan,
Stadt-rand,
Stadt-teil,
Standes-amt,
Stand-punkt,
statt-finden,
staub-saugen,
Staub-sauger,
Steck-dose,
Stereo-anlage,
Stich-wort,
Stock-werk,
Staßen-bahn,
Streich-holz,
Stunden-plan,
Super-markt,
Tank-stelle,
Tarif-vertrag,
Taschen-buch,
taub-stumm,
Taxi-fahrer,
teil-nehmen,
Teil-zeitarbeit,
Teilzeit-arbeit,
Telefon-buch,
Telefon-zelle,

Tele-gramm,
Tisch-tennis,
Ton-band,
Tonband-gerät,
Traum-job,
Trink-geld,
Über-schrift,
Über-setzung,
Über-stunde,
Über-tragung,
Über-weisung,
Über-zeugung,
Umwelt-schutz,
Unter-arm,
unter-halb,
Verkehrs-mittel,
Verkehrs-verein,
Verkehrs-zeichen,
Versicherungs-karte,
viel-leicht,
Viertel-stunde,
vier-zehn,
Volks-hochschule,
Volks-musik,
vor-gestern,
Vor-mit-tag,
Vor-name,
Vor-ort,
Vor-rat,
Vorwahl-nummer,
vor-wärts,
weiter-fahren,
weiter-gehen,
weiter-laufen,
weiter-lesen,
Welt-all,
welt-weit,
Welt-genie,
Werk-zeug,
wert-voll,
Wetter-bericht,
Wochen-ende,
wochen-lang,
wo-für?,
wo-her?,
wo-hin?,
Wohn-block,
Wohn-gemeinschaft,
Wohn-heim,
Wohn-lage,
Wohn-ort,
Wohn-wagen,
Wohn-zimmer,
Wort-srt,
Wöter-buch,
Wort-familie,
Wort-schatz,
Zahn-artz,
Zahn-bürste,
Zahn-pasta,
Zebra-streifen,
Zeit-schrift,
Zeitungs-kiosk,
Zoll-frei,
zurück-fahren,
zurück-gehen,
Zusammen-arbeit,
Zusammen-hang

MEMO:

4

독일어 낱말

독일어 화용개요 II

독일어 낱말과 발음연습

Übungen zu den deutschen Sprechlauten und Wörtern

문장은 언어적 정보를 전달하기 위한 단위다. 낱말은 이런 문장을 구성하는 기본요소이다. 독일어 낱말은 하나 이상의 음절로 이루어지고, 언어정보전달 단위로서 다음과 같은 특성을 갖는다.

• 낱말은 독립적인 언어요소다.
따라서 소리를 이용한 정보전달 및 의사소통의 경우, 낱말의 앞과 뒤에서 휴지가 가능하다. 또한 문자를 이용한 정보전달 및 의사소통의 경우에는 낱말의 앞과 뒤에 간격이 주어진다. 이를 통해 낱말의 독립성을 표시한다.

• 낱말은 기본형을 포함하는 언어정보전달의 기초단위다.
사전에 수록되어 있는 기본형은 다른 낱말과의 조합 또는 정보전달상황에 따라 변화된다. 인칭-시간-수와 격 그리고 파생변화 및 복합변화에 의해 변형된 각각의 낱말은 앞뒤의 다른 단어들과 간격을 두고, 발화휴지를 둘 수 있다.

• 낱말은 의미를 갖는다.
여러 낱말이 합해진 낱말의 경우, 한 낱말의 부분낱말들은 원래 그들이 갖고 있던 독자적인 의미를 갖지 않는 경우가 있다. 큰 틀에서 보면 <Hoch-haus 고층-건물>, <Hoch-schule 전문/대-학교>에서와 같이 두개 이상의 낱말이 합쳐져 형성된 낱말들은 합해진 낱말의미와 상응하는 의미구조를 갖는 것이 보통이지만, <Hoch-zeit 결혼>에서처럼 합쳐진 낱말들의 본래의미와는 다르게 또는 새로운 의미를 생성하기도 한다. 이는 정보전달을 위한 언어사용에서 동일한 낱말이 다른 낱말과 결합하여 다른 종류의 낱말을 형성하고 이에 상응하는 기능을 갖는 특성 때문이다.

4.1 낱말의 종류

문장구성의 필요요소인 낱말은 문장 안에서의 기능에 따라 여러 종류의 낱말로 구분된다. 이들은 동사[Verb], 명사[Substantiv] 관사[Artikel], 대명사[Pronomen], 형용사[Adjektiv], 부사[Adverb], 전치사[Präposition], 접속사[Konjunktion], 감탄사[Interjektion] 등으로 분류된다. 이런 분류는 관점이나 기준에 따라 차이가 존재한다.

Übung 20

아래 여러 음절로 형성된 낱말을 우리에게 필요한 최소한의 규칙들을 적용하여 낱말의 음절구조를 응용하여 소리화하고 이들의 의미들을 파악해보자.

Verb[동사]

abfahren
anfangen
ankommen
arbeiten
ausfüllen
ausgeben
bezahlen
buchen
danken
duschen
einpacken
einschalten
regnen
essen

fahren
sich freuen
geben
haben
kennenlernen
kommen
kosten
schauen
mieten
möchten
nehmen
probieren
rauchen
reinigen

schwimmen
senden
sprechen
treffen
trinken
umsteigen
verabreden
vorstellen
wissen
willkommen
wohnen
zeigen
zurückbringen

Substantiv명사

der Abend
der Anfang
der Arm
der Aufzug
das Auto
das Badezimmer
der Bahnhof
der Bär
das Bein
das Benzin
der Beruf
die Besprechung
die Bestätigung
das Brot
die Brust
das Büro
der Bus
der Dom
das Doppelzimmer
die Ecke
das Einzelzimmer
das Ende
die Ente
die Entspannung
die Fahrkarte
das Fahrrad
die Farbe
das Fax
der Fensterplatz
der Fernsehturm
das Fieber
der Film
der Fisch
das Fleisch
der Flughafen
das Formular
der Fuß
das Geld
der Geldautomat
das Gemüse
das Geschenk
das Glas
das Gleis
die Größe
der Hals
die Haltestelle
das Handy
die Hilfe
der Hof
der Kaffe
die Kartoffel
der Käse
das Kino
die Kirche
der Kleinwagen
die Konferenz
das Konzert
der Kopf
das Krankenhaus
die Kreditkarte
die Kreditkartennummer
die Kreuzung
die Küche
der Kuchen
die Kultur
die Luft
die Milch
die Minute
der Moment
das Namensschild
der Nichtraucher
die Nummer
das Paket
der Park
der Personalausweis
der Platz
der Polizist
der Preis
das Problem
das Rathaus
die Rechnung
das Regal
der Regen
der Reifen
die Rezeption
der Rücken
der Saft
der Salat
die Scheibe
das Schlafzimmer
der Schüssel
der Schmerz
der Schnittkäse
die Schule
das Schwarzbrot
das Schwimmbad
der Sommer
die Speisekarte
der Stock
die Straße
die Straßenbahn
das Straßenschild
ein Stück
der Student
die Tankstelle
die Tasche
die Tasse
der Tee
die Telefonnummer
die Tomate
die U-Bahn
die Universität
die Versicherung
die Visitenkarte

die Wanderung
die Waschmaschine
das Wasser
das Weißbrot
das Wetter
der Winter
die Woche
das Wochenende
die Wohnung
das Wohnzimmer
der Zahn
der Zahnarzt
der Zebrastreifen
das Zimmer
die Zitrone
der Zucker
der Zug

Pronomen[대명사]

ich
es
das
du
Sie
sie
Ihnen
wir

Artikel[관사]

der
die
das
ein
eine
ein

Adjektiv[형용사]

acht
bestimmt
blau
einfach
erstens
erster
fest
frei
früh
gelb
genau
groß
grün
heiß
hinter
interessant
klein
billig
kalt
komplet
krank
kühl
lange
leer
lila
mehr
nah
nett
neu
recht
richtig
rot
schlimm
schwarz
sonnig
spät
teuer
toll
vegetarisch
viel
vierter
voll
warm
wechselhaft
weiß
weit
windig
wirklich
zehn

Adverb 부사

auch
dann
doch
fast
geradeaus
gleich
heute
hier
immer
ja
jetzt
leider
links
manchmal
morgens
nein
nicht
noch
nochmals
normalerweise
oft
prima
veilleicht
wann
was
wie
wieder
wo
wohin
zimmlich
zurück
rechts
sofort

Präposition 전치사

an
in
mit
nach
ohne
um
über
zu

Konjunktion 접속사

aber
bevor
oder
und
wenn

Interjektion 감탄사

ach!
ah!
oh!
oje!

MEMO:

4.2. 낱말의 형태변화와 그 기능

낱말의 형태변화

독일어 낱말은 우선 변화하지 않는 낱말과 변화하는 낱말로 양분될 수 있다.

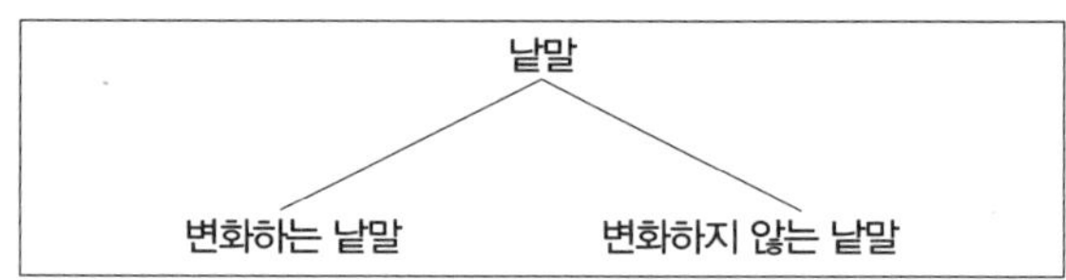

형태가 변화하지 않는 낱말은 특정한 정보전달 단위(예: 구/절/문장) 안에서 화용기능변화에 따른 위치변화에도 불구하고 형태변화가 나타나지 않는 낱말을 의미한다. 부사[Adverb], 전치사[Präposition], 접속사[Konjunktion], 감탄사[Interjektion] 등이 여기에 속하고, 이들은 불변화사[Partikel]로 분류되기도 한다.

형태가 변화하는 낱말은 동사[Verb], 명사[Substantiv], 형용사[Adjektiv], 관사[Artikel], 대명사[Pronomen] 등이다. 이들의 변화는 낱말의 종류에 따라 다르게 명명된다. 동사는 동사는 주어의 인칭[Person]과 수[Numerus] 그리고 화법[Modus]과 시간[Tempus]에 따라 변화하는데 이런 동사변화를 동사활용변화[Konjugation]라 한다. 그 외의 변화는 격에 따른 변화[Wechsel] 로 명사와 형용사 그리고 관사 변화를 격변화[Deklination]라 하고 형용사는 비교변화[Komparation]를 한다. 이런 내용은 다음과 같이 요약될 수 있다.

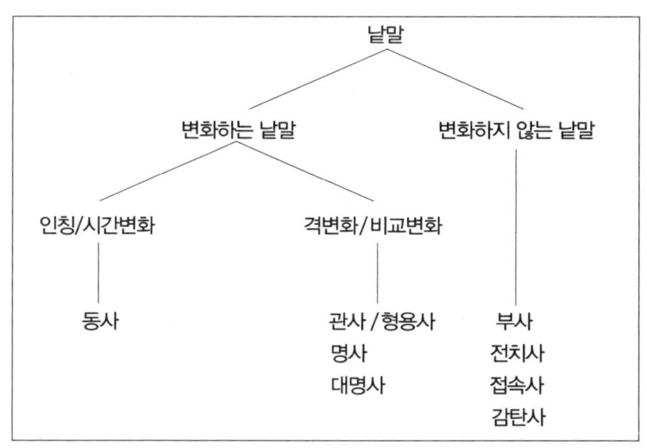

변화하는 낱말과 변화하지 않는 낱말은 예를 들어 <관사 +형용사 + 명사>, <전치사 +관사 +형용사 +명사> 등과 같은 조합을 이룬다. 이런 낱말조합을 근간으로 독일어 문장의 정보단위인 구/절/문장이 구성되고 또 이를 바탕으로 언어를 사용한 정보전달을 위한 단위구도[Kommunikationseinheitsplan]가 형성된다. 이 단위구도의 실현단위는 낱말이고 이들의 연결도구는 사회화된 언어연결규칙이다. 이 규칙에 의해 완성되는 의사소통 실현단위를 우리는 문장[Satz]이라 한다. 이런 관계를 도식화하면 다음과 같은 그림을 얻을 수 있다.

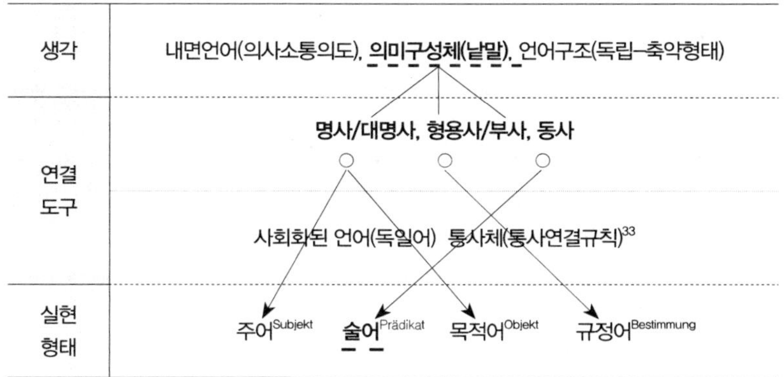

우리들의 의사소통의도를 구성하는 내면언어의 순수의미구성체인 낱말은 '누가/무엇이', '언제', '어디서', '무엇을', '어떻게', '왜'와 '상태/행위'에 해당하는 의미와 그 화용특성에 따라 인위적으로 명사/대명사, 형용사/부사로 구분된다. 이들의 의미범주Bedeutungskategorie인 '누가/무엇이', '언제', '어디서', '무엇을', '어떻게', '왜', '상태/행위'에 해당되는 낱말들은 동일한 의미범주에 속하는 낱말들로 대치될 수가 있다. 이처럼 대치/교환이 가능한 낱말범주에 속하는 낱말을 치환계열체Paradigma이라 하고,[34] 이들의 관계를 치환관계Paradigmatische Beziehung라 한다. 치환관계는 일반적으로 동일한 품사와 통사체인 문장의 전체의미를 바탕으로 연계되는 경향을 보인다. 이를 변화하는 낱말조합 <관사+형용사+명사>의 경우

33 낱말은 기능에 따라 여러 낱말명칭(품사)으로 개념화-구분화 된다. 낱말이 본래의 기능과 다른 기능을 하는 경우에 낱말의 기능을 표시하는 품사(낱말명칭)도 변경될 수 있다. 일반적으로 낱말의 기능변화는 해당낱말의 형태변화를 통해 반영되지만, 그렇지 않은 경우도 있다. 독일어에서의 품사변화는 -이미 사용되고 있는 낱말에 의해 방해를 받는 경우Blockierung를 제외하고는- 상대적으로 유연하다. 이는 독일어낱말의 기능변화가 비교적 유연함을 포함한다고 이해할 수 있다. 예를 들면, 독일어 동사는 중성명사로의 전환이 가능하고, 형용사와 부사는 상호기능교환이 가능하고 부사가 형용사 기능을 포함하는 경우에는 어형변화를 한다. 형용사가 부사기능을 할 때는 어형변화가 일어나지 않는다. 형용사 기능을 하는 낱말은 명사기능을 가질 수 있다. 동사의 분사형태를 통해 동사는 형용사기능을 하는 낱말로 전환될 수 있고, 이는 어형변화 없이 부사기능을 한다. 또한 다른 품사에서의 동사로의 전환은 독일어음소의 연결관계와 밀접한 관련이 있다. 음소연계가 독일어 토속적인 음소연계와 동일하거나 비슷하면 동사어미 [ən]-<en>, 다르면 [i:ʀən]-<ieren>을 붙여 동사로 전환하는 경향을 보인다. 결론적으로, 이 네 가지 품사는 언어실현형태인 통사체 안에서의 쓰임세와 그 기능에 따라 변화될 수 있고 낱말의 본질적인 기능을 표시하는 명칭인 품사는 문장에서 다양한 문장구성요소로 확인될 수 있다고 할 수 있다(여 종문, 독일어 화용개론 II-독일어낱말 참고).

34 Pradigma: 1.Menge der Wortformen, die zusammen ein Deklinations- oder Konjugationsmuster bilden. 2.Die auf vertikaler Ebene für einzelne Segmente austauschbaren Ausdrücke derselben (Wort-) Kategorie, im Unterschied zu den auf horizontaler Ebene segmentierbaren Einheiten, den Syntagmen (Bußmann, 1990:555).

를 통해 예시화하면 다음과 같다.

	문장구성요소: 주어	문장구성요소: 술어	문장구성요소: 목적어
낱말조합가능성	**〈관사 +형용사 +명사〉**	**〈동사〉**	**〈관사 +형용사 +명사〉**
	〈대명사〉	**〈동사〉**	**〈관사 +형용사 +명사〉**
	〈관사 +형용사 +명사〉	**〈동사〉**	**〈대명사〉**
	〈대명사〉	**〈동사〉**	**〈대명사〉**

위의 도표는 문장구성요소인 주어와 목적어가 동일할 수 있음을 시사하고 또 **<관사 +형용사 +명사>**와 낱말조합이 연속으로 반복되어 나타나는 경우, 선행낱말조합은 **<대명사>**로 대치될 수 있음을 보여준다. 이들이 변화하지 않는 낱말인 전치사와 결합해서 **<전치사+관사+형용사+명사>** 등과 같은 형태를 이루는 경우, 문장요소인 주어와 목적어를 수식하거나 부사처럼 술어보충어[Prädikat-Ergänzung]나 술어수식어[Prädikat-Attribut]로서 문장전체를 수식하는 문장구성요소가 된다. 이렇게 변화하는 낱말변화를 구분하여 정리하면 다음과 같다.

- 시간변화에 따라 변화하는 낱말: 동사
- 인칭변화에 따라 변화하는 낱말: 동사
- 수변화에 따라 변화하는 낱말: 동사, 관사, 형용사, 명사, 대명사
- 격변화에 따라 변화하는 낱말: 관사, 형용사, 명사, 대명사
- 비교정도에 따라 변화하는 낱말: 형용사
- 변화하지 않는 낱말: 부사, 전치사, 접속사, 감탄사

우리 관점에서는 변화하는 낱말들에 대한 설명은 독일어를 처음 배울 때 접하게 되는 독일어 문법(학교문법[Schulgrammatik])의 중심이 된다. 즉, 동사가 인칭(1, 2, 3)에 따라 변화하고 단수-복수 그리고 시간-시점-시제에 따라 변화하며 능동-수동에 따라 그 형태 및 기능이 변화한다는 내용은

물론, 직설-가설법에 따라 변화한다는 학습내용을 예로 들 수 있다. 또한 관사, 형용사, 명사, 대명사의 격에 따른 변화 및 명사를 수식하는 형용사의 변화와 형용사의 비교변화 등이 독일어 학습문법의 핵심을 이룬다. 이에 더해 우리가 독일어를 말하고 쓰는데 필요하기 때문에 익혀야 하는 낱말의 특정한 기능에 관한 설명, 즉 표시, 지시, 연결, 해설기능 등에 따른 설명은 언어화용에 관한 이해를 돕는 설명의 기틀이 된다. 이런 내용은 독일어 낱말의 기능에 따라 아래와 같이도 구분될 수가 있다.

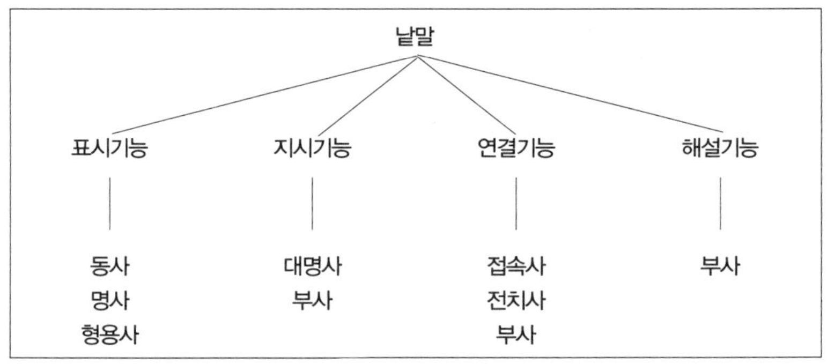

Übung 21

다음의 도표를 완성하고 1. '명사-형용사-관사'와의 관계와
2. '동사-형용사-부사'와의 관계를 자신의
언어로 요약-설명해보자.

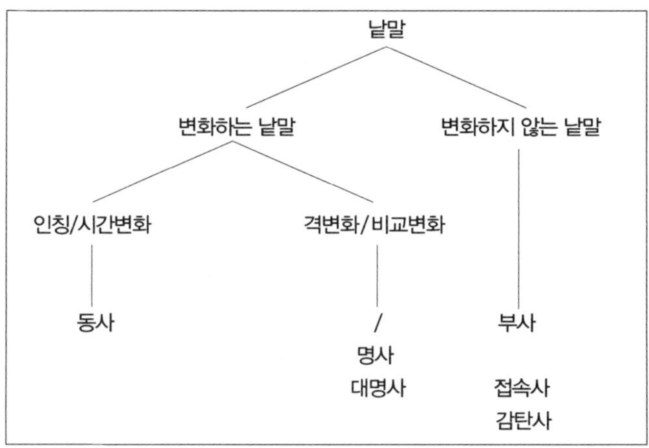

설명:

Übung 22

아래의 도표에 낱말과 품사의 의미 그리고 실현형태와의 관계와 연결형태를 구상하여 채우고 이를 자신의 언어로 설명해보자.

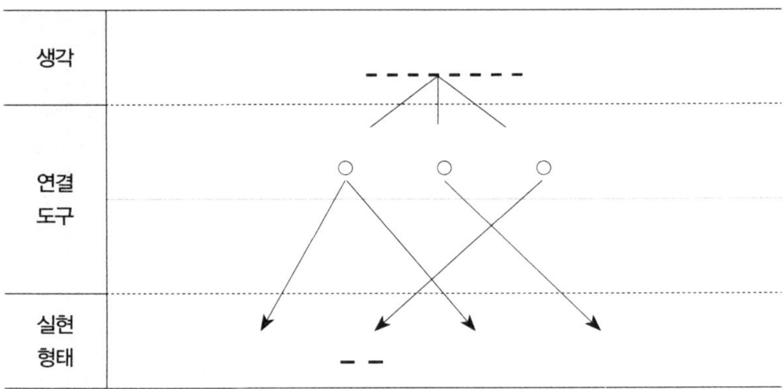

설명:

낱말의 기능 및 그 변화

독일어 낱말의 기능은 낱말종류에 따라 제한되는 경향을 보인다. 예를 들어, 표시기능을 갖는 낱말 중에서도 동사는 주로 행위나 과정을 표시하는 기능을 갖는다면, 명사는 사물이나 사실 또는 인물이나 생명체 등을 표시하는 기능을 갖는다. 이에 반해 형용사는 무엇인가의 성질이나 특성을 표시하는 기능을 갖는다. 낱말종류에 따른 기능은 다음과 같다.

4.2.1 동사

동사의 기능

독일어 동사는 문장핵심인 술어를 구성하는 중심요소로 기능을 한다. 이들은 일반적으로 문장주어의 행위와 행위과정 및 행위결과를 표현하고, 표현대상의 상태를 묘사 또는 서술/설명하는 기능을 갖는다. 부차적으로는 행위와 행위과정 및 행위결과를 지칭하는 명사화 기능을 갖는다. 모든 동사들이 몇 개의 특정한 기준으로 완벽하게 구분될 있는 것은 아니지만, 대부분의 동사는 문장에서 술어로 사용된다. 이들이 술어로 사용되는 경우, 그 사용형태와 사용기능을 중심으로 구분할 수 있다.

형태에 따른 동사 구분

독일어 동사는 사용되는 형태에 따라 '규칙적으로 변화하는 동사'와 '불규칙으로 변화하는 동사', '분리되는 동사와 분리되지 않는 비분리동사' 그리고 '분리 또는 분리되지 않는 형태를 가진 분리/비분리병행동사'로 구분될 수 있다.

규칙적으로 변화하는 동사는 인칭(1, 2, 3) 및 단수-복수 그리고 시간-

시점-시제에 따라 변화를 할 경우 규칙적인 변화어형을 취하면서 변형하는 형태의 동사를 그리고 불규칙동사는 여기에 해당하지 않는 동사를 의미한다.[35]

비분리 동사는 비분리 접두어인 <er-, be-, ge-, ver-, zer-, emp-, ent-, miß-> 등을 포함하는 동사로 이들은 어형변화를 하는 경우에 때 분리하지 되는 않는다.

비분리전철	비분리동사
be-	be-'suchen
ge-	ge-'schehen
er-	er-'fahren
zer-	zer-'fallen
ver-	ver-'suchen
ent-	ent-'gehen
miß-	miß-'achten
empf-	emp-'fangen

이 외에도 분리 접두어가 분리와 비분리를 병행하는 경우가 있는데 이때 동사는 다른 의미단위를 포함한다. 그 예는 아래와 같다.

전철	비분리	의미	분리	의미
durch	durchbrechen	극복하다	durchbrechen	(둘로) 나누다
um	umfahren	주위를 돌다	umfahren	차로 치다
uber	uberlegen	숙고하다	uberlegen	덮(어주)다
	ubesetzen	번역하다	ubesetzen	건네주다
unter	unterstellen	가정하다	unterstellen	넣어두다

기능에 따른 동사 구분

동사가 문장술어가 되는 주요기능을 수행하는 경우 동사는 기능, 즉 술어적인 의미, 독립적인 술어기능 그리고 다른 문장성분 및 다른 낱말

35 불규칙 변화 동사는 부록의 변화표를 참조하세요.

과의 결합에 따라 구분이 가능하다. 동사의미에 따라서는 행위(표시)동사, 과정(표시)동사, 상태(표시)동사 등으로, 동사의 독립적인 술어기능(독립성)에 따라서는 완전동사, 조동사, 화법조동사로 구분될 수 있다. 또한 문장 내에서 다른 문장성분 및 문장 안에서 다른 낱말과의 결합(결합성)에 따라서 타동사, 자동사, 재귀동사 등으로 구분될 수 있다. 이 분류는 다음과 같이 정리될 수 있다.

---

① 동사의미에 따른 구분 ——— 행위동사, 상태동사, 과정동사
② 동사의 독립성에 따른 구분 —— 완전동사, 조동사, 화법조동사
③ 문장성분과의 결합에 따른 구분 – 타동사, 자동사, 재귀동사

---

① 동사의미에 따른 구분die Einteilung von Verben nach ihrer Bedeutung

• - 행위(표시)동사Tätigkeitsverben: (행위주체/문장주어)로 인한 행위를 표시하는 동사

arbeiten, buchen, danken, essen, finden, geben, hören, joggen, kosten, lernen, malen, nehmen, öffnen, rauchen, sprechen, trinken, üben, zeigen

· Petra lacht glücklich.
· Die Kinder spielen.
· Er ging nach Hause.
· Er übt Deutsch.
· Wir spielen gern Klavier.

• - 과정(표시)동사Vorgangsverben: (행위주체/문장주어의 관련행위) 과정/진행 및 변화를 표시하는 동사

aufstehen, brennen, einschlafen, erfahren, fallen, passieren, regnen, sterben, vergessen, wachsen

· Sie steht langsam auf.
· Die Bäume waschen langsam.
· Die Kinder schlafen schnell ein.
· Die Suppe kocht seit Stunden.
· Unkraut wächst sehr schnell.

• - 상태(표시)동사Zustandsverben: (행위주체/문장주어의) 상태를 표시하는 동사

besitzen, bleiben, enthalten, gelten, glauben, liegen, stehen, wissen

· Die Vase steht auf dem Tisch.
· Das Buch liegt im Regal.
· Sie wohnen in Seoul.
· Ich heiße Hajin.

② 독립성에 따른 구분die Einteilung von Verben nach ihrer Selbständigkeit im Satz

• - 완전동사Vollverb: 문장에서 단독으로 술어가 되는 동사

lesen, schlafen, gehen 등 sein을 제외한 모든 동사

· Ich lese ein Buch.
· Sie schläft.
· Er geht.

• - 조동사Hilfsverb: 완전동사 중에 다른 완전동사와 함께 문장의 수

동태 및 특정한 문법형태를 만들기 위해서 사용되는 동사가 있는데, 이런 동사를 특별히 분류해서 조동사라 함. 따라서 ‘sein’ 이외의 모든 조동사도 완전동사로 이해되어야 한다. 이런 독일어 조동사는 ‘haben’, ‘sein’, ‘werden’ 등이다.[36]

수동태[Passiv]: werden + 과거분사

· Das Paket wird getragen.

현재완료[Perfekt]: haben/sein의 현재형+ 과거분사

· Ich habe geschlafen.

· Wir sind gelaufen.

과거완료[Plusquamperfekt]: haben/sein의 과거형 + 과거분사

· Ich hatte geschlafen.

· Wir waren gelafen.

미래[Futur I]: werden + 원형동사

· Ich werde schlafen.

· Wir werden laufen.

미래완료[Futur II]: werden +과거분사 + haben/sein

· Ich werde geschlafen haben.

· Wir werden gelaufen sein.

이런 조동사들은 완전동사로써는 소유/존재/과정 및 결과의 의미를 포함한다.

36 부록 불규칙동사변화표 참고.

· Ich habe zwei Kinder.

· Wenn ich groß bin, werde ich Tierarzt.

특히 'haben'과 'sein'이 완료형을 형성하는 경우 어느 환경에서 이들이 사용되는지에 대한 논의는 다양하게 이루어지고 있다. 우선 현재 우리의 관점에서 'haben/sein'의 사용관련성을 '동사의미에 따라 구분'을 하면 아래와 같이 도식화될 수도 있다.[37]

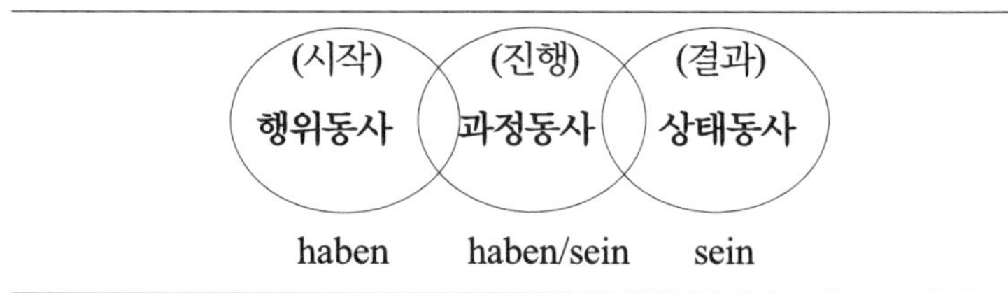

• - 화법조동사[Modalverb]: 다른 동사와 함께 그 동사가 내포하는 의미내용의 종류와 방법을 더 구체적으로 표현할 수 있게 하는 동사를 특별히 분류해서 화법조동사라 한다. 따라서 문장술어를 형성하는 화법조동사 또한 근본적으로 완전동사이지만 다른 동사의미를 섬세하게 하는 기능을 갖으면서 화법조동사가 되는 것으로 이해해야 한다. 독일어 화법조동사 'können', 'dürfen', 'müssen', 'mögen', 'sollen', 'wollen' 등이다.[38]

37 우리의 관점에서 '행위표시 타동사', '재귀동사', '화법조동사', '비인칭동사', 'haben' 등이 완전동사로 술어를 이루는 경우 일반적으로 'haben'과 함께 완료형이 구성되는 것으로 이해하기로 한다.

38 부록 화법조동사 변화 참고.

이들 화법조동사는 다른 동사의 원형과 결합하여 문장술어를 형성하고, 이들이 함께 술어를 형성하는 다른 동사에 주는 일차적인 추가의미는 아래와 같다.

· können: 가능성/능력

Wir können jetzt gehen.

Ich kann singen.

Ich kann laufen.

Er kann kommen.

· dürfen: 허가

Wir dürfen heute ins Kino gehen.

Sie darf gehen.

· müssen: 개인적인 의무/필요

Wir müssen den Termin absagen.

· mögen: 공경한 희망/요구

Ich möchte jetzt nach Hause gehen.

· sollen: 사회적인 의무/필요

Wir sollen um 9 Uhr in der Schule sein.

Wir sollen anfangen.

· wollen: 희망/의도

Er will morgen Abend ins Kino gehen.

완전동사로써 화법조동사는 상황-의미적으로 다른 완전동사를 내포하기도 한다.

· Er will schon nach Hause (gehen/kommen, etc).

· Sie möchte ein Glass Wasser (haben/kaufen, etc).

· Ich mag Torte (gerne haben/essen/sehen, etc).

· Ich mag Dich (gerne bei mir haben/sehen, etc).

· Er kann das (haben/tun/erledigen/sehen, etc).

③ 결합성에 따른 구분[die Einteilung von Verben nach ihrer Verbindung mit anderen Satzteilen und Wortarten im Satz]

• - 타동사[Transitive Verben]: 4격 목적어를 가지고 수동전환이 가능한 동사

· Sie liebt ihn. ⇒ Er wird geliebt.

· Ich esse einen Apfel. ⇒ Ein Apfel wird (von mir) gegessen.

· Du liest ein Buch. ⇒ Ein Buch wird (von Dir) gelesen.

• - 자동사[Intransive Verben]: 4격 목적어를 가지지 않고 수동전환이 불가능한 동사[39]

· Ich schlafe.

· Das Mädchen schläft.

· Ich schweige.

· Sie schweigt.

• - 재귀동사[Reflexive Verben]: '재귀동사는 수동전환이 불가능하다'(Duden,

---

39 자동사는 2격, 3격 또는 전치사 목적어 또는 부사규정어[Adverbialbestimmung] 등을 가질 수도 있다.

· Wir gedenken der Verstorbenen.
· Mann kann dem Schicksal nicht entrinnen.
· Sie stehen auf der Brücke.
· Er arbeitet den ganzen Tag.

동사 중에는 때로는 타동사로 때로는 자동사 기능을 갖는 동사들도 있다. 예를 들어 'Sie kocht eine Suppe.'에서 'kochen'은 타동사로 목적어(목적격/4격)를 갖는 반면에 'Sie kocht gerne.'에서의 'kochen'은 (목적격/4격)목적어를 갖지 않는 자동사이다. 이와 똑같이 'Er schreibt ein Buch.'에서의 'schreiben'은 타동사, 'Ich schreibe dir.'에서의 'schreiben'은 자동사로도 볼 수 있다.

193)는 이유만으로도 자동사로 이해될 수 있다. 하지만 이런 동사 중에서 재귀대명사인 'sich'를 포함해서 문장술어를 형성하는 동사를 별도로 분류해서 재귀동사라 한다. 이런 명칭은 'sich'가 아래와 같이 문장주어와 직접 관련되어 회귀하고 있기 때문이다.

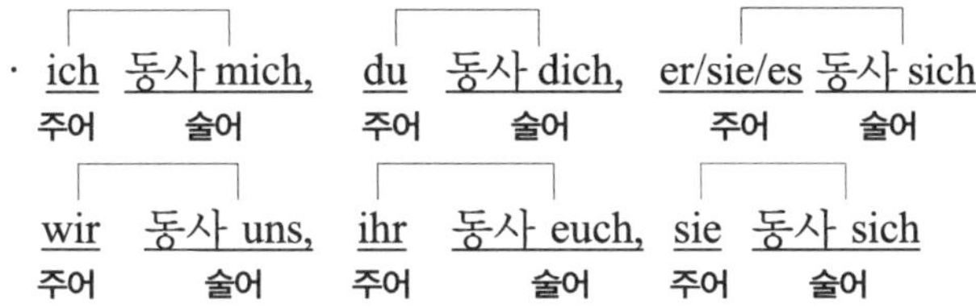

· Er bedankte sich. Ich beeile mich.

Ein Wunder ereignet sich. Wir nähern uns.

이런 재귀동사에는 'sich'를 생략할 수 없는 경우와 생략이 가능한 경우가 있다. 'sich'생략이 불가능한 경우를 진짜 재귀동사라 하기도 하는데, 이 경우 수동태형성은 불가능하다. 하지만 'sich'가 생략 가능한 경우, 즉 진짜재귀동사가 아닌 경우에는 수동태 형성이 가능하다.

· 재귀형태인 경우: Sie wäscht sich.
(수동태: 불가능)
· 재귀형태가 아닌 경우: Sie wäscht das Kind.
(수동태: 가능) Das Kind wird (von ihr) gewaschen.

Übung 23

문장술어가 되는 동사는 그 기능에 따라, 즉 의미, 독립성 그리고 결합성에 따라 구분이 가능하다. 이들 아래 도표를 중심으로 구분된 동사를 설명하고 예를 제시해보자.

문장술어 동사기능	의미		
	독립성		
	결합성		

독일어 동사변화

최소 한개 이상의 동사로 이루어지는 문장술어Prädikat는 문장으로 표현되는 의사/정보전달 단위 중에서 가장 중요한 문장구성요소로 문장의 핵심을 이룬다.

서술문장에서 동사 하나가 문장술어를 이루는 경우, 이 동사는 언제나 <인칭-시간-수>에 따라 변화하고, 항상 문장의 두 번째 구성요소로 위치를 정해 나타난다.

두개 이상의 동사로 이루어지는 문장술어는 화자의 화용관점을 포함하고 있으며 <인칭-시간-수>에 따라 변화하는 부분과 변화하지 않는 부분으로 구분된다. 즉, 독일어 서술문의 복합(문장)술어는 동사변화Konjugation를 하는 부분과 동사변화를 하지 않는 부분으로 구성된다.

동사변화를 하는 술어부분

독일어 문장술어 중에서 변화를 하는 술어부분은 다음과 같은 요인에 의해 변화한다.

- \- 문장주어의 인칭(1-2-3 인칭),
- \- 문장주어의 수(단수-복수),
- \- 표현시간(과거-현재-미래),
- \- 표현관점(단순-완료)
- \- 표현양태(능동-수동태)
- \- 표현주체의 화법(직설법-가설법)

변화된 문법형태와 실현형태는 각 형태에 교접하는 특수한 표현의미와 표현기능을 갖는 복잡한 관계를 갖는다. 특히, 이런 형태변화와 그 기능을 통해 동사는 주로 행위자의 행위, 행위과정, 행위결과 및 상태 등과 사물의 상황과 상태 그리고 화자의 관점을 표현한다. 의사/정보전달 단위인 문장형태와 문장구성성분은 문장술어를 형성하는 주동사의 특징과 형태에 따라 규정된다.

동사변화를 하지 않는 술어부분

단일동사가 평서/서술문의 문장술어가 되는 경우, 이 동사는 언제나 주어의 인칭(1-2-3인칭)과 수(단-복수) 그리고 기술시점(과거-현재) 및 기술관점(직설-가설)을 근간으로 동사변화를 하고 문장의 두 번째 위치에 오고, 변화하지 않는 술어의 일부분은 문장 끝에 위치한다.[40]

동사변화를 하지 않는 술어부분은 완료[Perfekt]형태(haben/sein + Partizip Perfekt[과거분사]), 미래[Futur]형태(werden + Infinitiv[동사원형]) 또는 수동형태(werden + Partizip Perfekt[과거분사]) 등과 같은 술어형태에 나타난다.

독일어 문장술어형태

- haben + Partizip Perfekt – 완료형태
- sein + Partizip Perfekt - 완료/(상태)수동[Zustandpassiv]형태
- werden + Partizip Perfekt - 행위/과정수동[Vorgangspassiv]형태
- werden + Infinitiv - 미래형태

위의 문장술어형태의 비교를 통해서도 확인할 수 있듯, 문장술어형태를 명확하게 구분해주는 언어요소는 독일어 조동사[Hilfsverben] <haben, sein, werden>과 어우러지는 과거분사[Partizip Perfekt]와 동사원형[Infinitiv]이

40 문장에서 술어기능을 하는 단일동사가 분리전철(예를 들어 ab-, an-, mit- 등)을 포함하는 경우에는 이 분리전철을 변화하지 않는 동사의 일부분, 즉 단일동사에 추가되어 형성된 술어의 일부분으로 볼 수도 있다. 이 때문에 분리전철이 문장 끝에 위치하는 것은 이런 맥락에서도 이해될 수 있다.

다.[41] 이렇게 두개 이상의 동사가 술어를 이루면서 문장의 마지막 부분에 나타나는 술어부분은 주어에 따른 동사인칭(1-2-3인칭)과 수(단-복수) 그리고 기술시점인 '과거-현재' 서술에 따른 변화와는 관련이 없다.

일반적으로 문장의 마지막에 위치하는 동사변화를 하지 않는 술어부분의 형태는 동사원형과 이들의 변화를 통해 형성된다.

- \- 동사원형: 동사원형은 동사의미를 담고 있는 기본형을 말하고, 일반적으로 <bleiben, denken, gehen, schreiben, sitzen, tragen> 등에서처럼 동사의 어간^Wortstamm^에 어미^Wortendung^ <-en>으로 마무리되는 형태를 띤다. 또한 <ähneln, basteln, klettern, hungern, wandern> 등과 같은 동사에서는 어간에 어미인 <-elr>이나 <-ern>이 첨가되는 형태를 띠기도 한다.
  동사원형은 동사 <werden>과 함께 미래형을 형성하고, 미래를 표현하는 기능을 갖는다. 특히, 화법조동사와 함께 문장술어를 형성하는 경우에는 동사원형이 사용된다.

· Wir werden morgen nach Seoul fahren.
· Ich werde dich sehr lieben.
· Ich möchte morgen nach Seoul fahren.
· Ich kann jetzt zu dir kommen.

독일어 원형동사는 명사처럼 사용되기도 한다. 이때 글말에서는 동사원형의 첫 문자를 대문자로 표기하고, 입말에서는 별다른 특이사항 없

---

41 '동사원형^Infinitiv^'은 'zu-Infinitiv'와 'Infinitiv'를 포함하는 "원형동사^Infinitivform des Verbs^"의 부분으로 이해된다.

이 중성보통명사처럼 사용된다.

- \- 분사Partizip: ‘현재분사Partizip Präsens/Partizip I’와 ‘과거분사Partizip Perfekt/Partizip II’로 구분된다. 이들은 형용사 또는 부사로도 사용되기도 하는데 일반적으로 현재분사는 능동적인 의미를 과거분사는 수동적인 의미를 내포하는 특성을 띈다.

· 현재분사: 현재분사가 만들어지는 방법은 여러 형태로 설명될 수 있으나, 편의상 두 가지로 요약한다.
첫째는 아래에서와 같이 동사어미 <-en, -eln, -ern> 등으로 끝나는 동사원형에 또 다른 분사어미인 <-d>를 추가해서 만드는 규칙적인 방법이다.[42]

bleiben → bleiben-d, denken → denken-d, gehen → gehen-d, laufen → laufen-d, lesen → lesen-d, schlafen → schlafen-d, singen → singen-d, schreiben → schreiben-d, sitzen → sitzen-d, tragen → tragen-d,
ähneln → ähneln-d, basteln → basteln-d, hungern → hungern-d, klettern → klettern-d, wandern → wandern-d

둘째는 <sein → seiend>, <tun → tuend> 등에서처럼 많지는 않지만 동사에 따라 현재분사의 형태가 불규칙적으로 형성되기도 한다. 이런 현재분사는 형용사와 부사처럼 또한 명사처럼 사용되기도 한다.

· 과거분사: 과거분사의 형태는 어간 앞에 <ge->가 추가되면서 만

42 현재분사형성에 관한 설명은 이와 같은 방법 외에도 <동사어간 + -end>와 같은 방법으로도 설명된다.

들어진다.

여기에 규칙변화 및 혼합변화를 하는 동사어간 뒤에는 <-t>가 불규칙변화를 하는 동사의 경우에는 <-en>이 붙는다.[43]

· beginnen → begonnen, biegen → gebogen, bieten → geboten, binden → gebunden, denken → gedacht, brennen → gebrannt, bringen → gebracht, denken → gedacht, dürfen → gedurft, essen → gegessen, fangen → gefangen, fragen → gefragt, gehen → gegangen, haben → gehabt, helfen → geholfen, kennen → gekannt, können → gekonnt, lassen → gelassen, müssen → gemußt, mögen → gemocht, nennen → genannt, preisen → gepriesen, rennen → gerannt, schlafen → geschlafen, schneiden → geschnitten, sein → gewesen, senden → gesandt, singen → gesungen, sprechen → gesprochen, tragen → getragen, tun → getan, verderben → verdroben, waschen → gewaschen, weisen → gewiesen, wenden → gewandt, wissen → gewußt, wollen → gewollt, ziehen → gezogen, zwingen → gezwungen

43 우리의 관점에서 보면 규칙변화동사의 과거분사형태는 체계적인 유추를 통해 익힐 수 있으나, 혼합변화 그리고 불규칙변화동사는 낱낱이 암기해야 하는 불편함을 포함한다. 이들에 관한 특성은 독일어 화용개요 III의 '동사변화부분'을 참고하도록 하자.

Übung 24

독일어 문장술어는 단순술어형태와 복합술어형태를 갖을 수 있다. 단순술어형태와 복합술어형태를 규명하고, 완료[Perfekt], 미래[Futur], 수동[Passiv]형태와 같은 술어형태에 나타나는 구성성분을 적고 이들의 기능을 설명해 보자.

문장술어의 구성형태		기능
형태	구성성분	
완료[Perfekt]		
미래[Futur]		
수동[Passiv]		

4.2.2 부사^Adverb^

부사의 기능

독일어 부사는 문장술어가 명시하는 문장주어의 행위와 과정 및 상태를 '언제, 어디서, 어떻게, 왜'에 근거하여 기술하는 기능을 한다. 따라서 문장술어를 수식하는 기능을 중심으로 형용사와 다른 낱말을 수식하는 기능을 한다.[44]

이들은 문장구성요소의 원래 시간과 장소를 표시하기 위해서 사용된 낱말로 현대 독일어에서는 시간, 장소, 종류 및 방법 그리고 원인 등과 같은 의미추가를 위해 사용된다. 이를 통해 부사는 수식하는 낱말이 갖는 의미를 시간, 장소, 방법, 원인, 목적 등의 첨가를 통해 더 자세하게 규정하는 기능을 갖는다.

부사의 종류

- **- 시간표시부사**

  · wann? - gestern, heute, morgen, schon, früh(-er),
  jetzt, später, morgens, mittags, abends etc.

  · wie lange? - seitdem, immer, stehts, lange, stundslang,
  tagelang, ewig etc.

---

44 문장에서 부사/부사규정어는 한 개 또는 여러 개의 낱말 및 낱말그룹으로 구성되는 술어보충어이다. 이는 주로 주어의 행위와 그 과정 그리고 결과/상태를 표시하는 문장술어를 '시간, 장소, 방법, 원인' 등과 같은 기술단위를 근간으로 수식하는 기능을 한다. 부사/부사규정어에 관한 특징적 내용은 독일어화용개요 I <독일어 소리>(여종문, 2012:148-154)를 참고하기로 한다.

• - 장소표시부사

· wo? - hier, da, dort, oben, unten, überall, innen, draußen, irgendwo etc.

· wohin? - dahin, dorthin, aufwärts, abwärts, weg, fort, hinaus etc.

· woher? - hierher, dorther, rechtsher, linksher, etc.

• - 종류/방법표시부사

· wie?/Art - gut, (nur) so, schlecht, (nicht) gern, absichtlich,

· wie?/Weise - teilweise, allzu, wenig, bedauerlicherweise, gleich etc.

• - 빈도표시부사

· wie oft? - selten, oft, einmal, nochmals, täglich, wochentlich, täglich etc.

• - 원인표시부사

· warum? - darum, deshalb, daher etc.

· weswegen - deswegen, meinetwegen etc.

· womit? - damit, dadurch, etc.

· wozu? - dazu, dafür etc.

• - 정도표시부사

· ja ↔ nein - wahr, wahrhaft, wahrscheinlich,vermutlich, vielleicht, nicht, niemals, etc.

Übung 25

시간, 장소, 종류 및 방법 그리고 원인 등과 같은 의미추가를 위해 사용되는 부사/부사구를 이용하여 다음의 도표를 완성해보자.

범주	의문부사	연계 가능한 부사/부사구
시간	wann?	
	wie lange?	
장소	wo?	
	wohin?	
	woher?	
종류/방법	wie/Art?	
	wie/Weise?	
빈도	wie oft?	
원인/도구/목적	warum?	
	weswegen?	
	womit?	
	wozu?	

다음의 척도판을 자신이 알고 있는 정도표시부사를 이용하여 완성해보자.

niemals		wahr
0%	50%	100%

4.2.3 관사[Artikel]

관사의 종류와 기능

관사는 명사와 함께 나타나는, 즉 명사동반어[Begleiter von Nomen]의[45] 한 부류로 관사는 정관사와 부정관사 그리고 무관사로 이해된다. 정관사는 <der, die das>로 부정관사는 <ein, eine, ein>의 형태로 표시되고 관사가 없는 경우를 무관사 형태로 본다. 일반적으로 관사가 필요 없는 인명, 지명 같은 고유명사에 부가어가 나오는 경우와 해당부류를 표시는 기능을 갖는다.

관사구분 및 형태변화

- - 정관사[definiter/bestimmte Artikel]: 정관사 앞에서 진행된 대화 또는 텍스트에서 정보전달 당사자들에게 이미 알려졌거나 언급된 것으로 추정되는 사실을 표시한다.

· Ich habe mir ein Auto gekauft. **Die** Maschine hat 100 PS.

귀속되는 명사 앞이나 가까운 위치에서 명사의 격-수-성[Kasus-Numerus-Genus]을 표시한다.

---

45 명사동반어는 명사구에 귀속되는 낱말군으로 명사가 뒤따르고 있음을 표시한다. 정관사와 부정관사 그리고 <mein, dein, sein>과 같은 소유대명사[Possessivpronomen] 및 <dieser, diese, dieses>와 같은 지시대명사[Demonstrativpronomen]가 이에 속한다. 때로는 예를 들어 <der/das Bonbon> 그리고 <der/das Filter>, <der/das Dschungel>, <der/das Gummi>, <der/das Keks>, <der/das Liter>, <der/das Teil>, <der/das Meter>, <der/das Virus>, <der/das Zubehör>와 같은 낱말이 남성/중성표시관사를 통해 같은 의미로 실현되기도 하지만, <der Leiter>-<die Leiter>와 같이 서로 다른 관사를 포함하는 경우 완전히 다른 낱말임을 표시하는 경우도 있기 때문에 유의해야 한다. 이에 대해서는 아래 '4.2.6 명사'의 Übung을 참고하기로 한다.

· Kasusanzeigerfunktion: die Leiter - der Leiter

· Numerusanzeigerfunktion: das Mädchen - die Mädchen

· Genusanzeigerfunktion: die Autos - der Autos

일반화하는 경향을 보인다. 정관사는 한 개의 사물/한 개체보다는 이에 해당하는 부류전체를 표시한다.

· Der Tiege frisst kaum Gras.

· Der Löwe ist ein Raubtier.

동반되는 명사가 대화소통상황 또는 수식어를 통해 의미가 확대/제한되는 경우를 표시한다.

· Gib mir bitte mir die Tüte.

· Die eigenwilligen Lotte entschschuldigt sich bei Hans.

· Die Frau mit dem kleinen Hund begrüßte mich sehr freundlich.

격-수-성[Kasus-Numerus-Genus]에 따른 정관사변화는 다음과 같다.

	주격	소유격	여격	목적격
남성	der	des	dem	den
여성	die	der	der	die
중성	das	des	dem	das
복수	die	der	den	die

• - 부정관사[indefiniten/unbestimmten Artikel]: 부정관사는 알려지지 않은 또는 청자 또는 독자에게 처음으로 소개되는 **하나**의 특정대상을 규정한다. 따라서 복수형 부정관사는 존재하지 않는다.

· Jetzt warte ich schon **eine** Stunde auf dich.

· Ich fahre mit **einem** Taxi nach Hause.

· Es war einmal **eine** Prinzessin. Die/Sie war wunderschön.

복수형 부정관사는 존재하지 않지만 다수 불특정 사물이나 개체를 칭할 경우에는 복수형을 사용하고 (부정)관사를 생략한다.

· ein Fahrad - Fahrräder

· ein Auto - Autos

· Haben Sie Kinder?

복수형 부정관사는 존재하지 않지만 복수형을 부정할 때는 <kein->의 형태를 이용한다.

· Haben Sie Kinder? Nein, ich habe **keine** Kinder.

부정관사로도 일반화를 시킬 수 있는데, 이런 경우에는 한 개체/사물이 전체/종류 또는 불특정 수의 의미 형태를 표시한다.

· Ein Samsungman hätte es anders gemacht.

· Ein Tiege frisst kaum Gras.

· Ein Löwe ist ein Raubtier.

격-수-성[Kasus-Numerus-Genus]에 따른 부정관사변화는 다음과 같다.

	주격	소유격	여격	목적격
남성	ein	eines	einem	einen
여성	eine	einer	einer	eine
중성	ein	eines	einem	ein
복수	eine	einer	einen	eine

• - 무관사[ohne/null Artikel]: 경험에 의해 이미 일정한 의미를 갖는 사실/객체/개념 등 정보전달 당사자들에게 별도의 설명 없이도 널리 알려진 것으로 이해되는 것을 표시한다.

· Er arbeitet als Maschnenbauer.

· Sie wird Präsidentin der Universität.

· Nachmitags trinken wir Kaffe und essen einen Kuchen dazu.

· Ich verlange hiermit Chancengleichheit.

사회화된 언어규범과 언어습관에 의한 관용어법을 표시한다. 종교축제, 지리적 명칭, 인명에는 관사가 오지 않는다.

· Ich habe Hunger (= Ich bin hungrig).

· nach Hause kommen/gehen

· in Betrieb sein · vor Freude · auf See sein

· Es ist schon Sommer. (→ es +sein)

· Es wird im November langsam Winter. (→ es +wird)

· Da kommt Kims Vater. Das ist meines Vaters Hut. (→ 소유격 +명사)

· Wir besuchen unseren Lehrer, dessen Sohn in Deutschland

studiert hat. (→ 소유관계대명사 deren/dessen/wessen +명사)

· Von Kim habe ich immer noch nichts gehört.

관사변화Deklination des Artikels는 동반하는 명사가 문장에서 어떻게 사용되었는지, 즉 주어인지 또는 목적어인지 또는 문장의 어느 성분에 속하는지를 한정하는 역할을 한다. 이 때문에 독일어에서의 어순은 비교적 자유롭다.

Übung 26

정보전달 단위 기능을 갖는 문장에서의 관사는 대부분 명사로 구성된 문장요소의 앞에 위치를 해서 행위의 주체와 대상을 한정 또는 규정하는 기능을 갖는다. 아래의 관사 변화표를 비교해보자.

	주격	소유격	여격	목적격
남성	der	des	dem	den
여성	die	der	der	die
중성	das	des	dem	das
복수	die	der	den	die

	주격	소유격	여격	목적격
남성	ein	eines	einem	einen
여성	eine	einer	einer	eine
중성	ein	eines	einem	ein
복수	eine	einer	einen	eine

위 도표에서 공통된 어미를 찾아 도표를 완성하고 이의 의미를 7장의 형용사변화와 관련지어 설명해보자.

	남성	여성	중성	복수
주격				
소유격				
여격				
목적격				

4.2.4. 형용사

독일어 형용사는 명사 앞에서 명사를 수식하는 기능을 한다. 이들은 명사의 격과 수에 따라 어형변화를 하고 비교변화가 가능하다. 또한 상황 및 정도에 따라 부사를 이용한 정도변화가 가능하고 절대적인 반대 개념을 포함한다.

- ein schönes Wetter
- stark → stärker → am stärksten
- wenig schön ← schön → sehr schön → wirklich schön
- lang ↔ kurz, süß ↔ bitter, hell ↔ dunkel

형용사의 기능 Funktionen des Adjektives

형용사는 다른 (변화하는) 낱말이나 동사를 부연 설명, 즉 꾸미는 낱말의 자질이나 특징을 표시하는 기능을 갖는다. 또한 명사로 전환되기도 한다. 독일어 형용사는 대부분 어형변화 없이 부사로도 사용된다.

- \- 부가어Attributiv 기능: 형용사의 고유기능으로 명사동반어로 이해될 수 있고 명사 앞에 위치하여 명사의 자질이나 특징을 표시하고 하나의 의미단위를 이룬다. 동반명사의 특성에 따라 어미변화를 한다.

- {Ø} grün**es** Kleid
- das grün**e** Kleid
- ein grün**es** Kleid

- von grünlicher Farbe · ein dicker Hund
- Nach dem gut**en** Mittagessen gingen wir sparzieren.

• - 부사적[Prädikativ/adverbial] 기능: <sein> 동사와 결합해서 주어의 상태나 과정의 특성을 규정하거나 설명하는 기능을 하며 부사처럼 변화하지 않는다. 이런 경우를 형용사의 부사적 기능이라 한다.

아래 예문의 <sicher, dienlich>와 같이 일부 형용사는 특정한 격을 필요로 한다.[46]

· Das Kleid ist **grün/schön.**

· Peter liegt **faul** im Sessel.

· Christa läuft **schnell.**

· Er singt **laut.**

· **kurz** vor acht

· bewusst zurückhaltend

· Ich bin mir sicher.

---

46 언어경험이 많지 않은 우리의 관점에서 보면 부사적인 용법으로 사용되는 형용사가 어떤 동사들에서 술어기능을 부사기능을 하는지 또 어느 형용사기 어떤 격을 필요로 하는 지를 판단하기란 쉽지 않다. 특히 우리말의 <-의>, <-에게> 및 <-을>로 번역되는 격의 의미와는 단순 비교할 수 없기 때문에 함께 쓰이는 형용사와 격을 함께 익히는 것이 바람직하다. 일반적으로 목적격을 필요로 하는 형용사의 경우에는 학습에 큰 어려움이 없지만 여격과 소유격을 필요로 하는 형용사에는 주의를 기울일 필요가 있다. 이해를 위한 예시는 아래를 그리고 더 자세한 내용은 독일어 화용개요 II <독일어 낱말>을 참고하기로 하자.

• 목적격을 필요로 하는 형용사: <alt, breit, dick, entfernt, groß, hoch, lang, schwer, tief, weit, wert> 등

- Ich bin 20 Jahre alt. Es ist 50 Kilo schwer.

• 여격을 필요로 하는 형용사: <ähnlich, angenehm, bekannt, böse, dankbar, fremd, gemeinsam, gewachen, gleich, nahe, neu, nützlich, treu> 등

- Es ist mir nicht bekannt. Sein Mantel ist meinem ähnlich. Es ist mir sehr angenehm.

• 소유격을 필요로 하는 형용사: <bedürtig, bebußt, gewiß, satt, schuldig, verdächtig> 등

- Ich bin mir keiner Schuld bewußt.(과오를 알 수가 없다)

- Ich war meiner Sinne nicht mehr mächtig.(감정을 더 이상 제어할 수 없었다)

· Diese ist der Idee dienlich.

• - 명사적Nominativ 기능: 형용사가 명사처럼 기능을 하는 경우로 일반적으로 <(전치사)/관사+형용사+명사>로 형성된 어형에서 <명사>부분이 생략된 형태로 이해될 수 있고 어형변화는 이에 준한다. <ander->는 명사화되어도 소문자로 표시된다. 형용사가 단수 3격의 동격으로 명사화되면 그 격에 따라 변화한다.

· Auf dem Marktplatz gibt es heute viel Friesches.
· Da steht eine schöne Frau. Diese Schöne wartet auf ihren Freund.
· Die Betroffene sollen folgendes machen.
· Ich habe gestern mit Bekanntem gesprochen.
· Ich habe gestern niemanden Bekannten gesehen.
· Er kennt den Blonden dort an der Theke.
· Du hast nichts anderes im Kopf als über Essen zu reden.
· Ich freue mich mit ihm als Vorsitzenden über deinen Eintritt.

Übung 27

형용사의 3가지 기능을 중심으로 다음의 도표를 완성하고 각각 기능에 대한 특징을 자기언어로 기술하여 보자.

Funktion	Beschreibung	Beispiele
Attributiv		
Prädikativ/ Adverbial		
Norminativ		

형용사의 종류Arten des Adjektives

형용사가 포함하는 의미에 따라 아래와 같은 구분과 예시 제시가 가능하다.

성질/특성표시Eigenschaftswörter		rot, kalt, nass, sonnig, lila, windig
평가/판단표시Wertadjektive		gut, schön, nützlich, kindisch, toll, viel
시/공간배치표시Orientierungsadjektive		dortig, hiesig, heutig, sofortig, jetzig
숫자표시Zahlwörter[47]	기수Grundzahl	ein/eine, zwei, neun, zehn, hundert
	서수Ordnungszahl	erste, zweite, neunte, hunderte
여기에 제시된 낱말들은 다른 형용사와 같은 방법으로 어형변화를 한다.		
관계표시Verweisadjektive im Text		folgend, obig, erstere, letztere, andere,

형용사의 형태변화Deklination des Adjektives

부가형태로 명사를 수식하는 기능을 갖는 형용사는 수식하는 낱말의 '격'과 '수' 그리고 '성'에 따라 변화 형태를 갖는데 관사의 유무와 종류에 따라 세 가지, 즉 강한 변화(강변화)와 약한 변화(약변화) 그리고 혼합된 변화(혼합) 형태로 구분할 수 있다.

• - **강변화**Starke Adjektivdeklination: 강변화는 명사를 수식하는 형용사 앞에 관사와 같은 규정사가 없이 또는 형용사 앞에 <folgend-, andere-, deren, dessen>

47 숫자를 표시하는 낱말은 형용사에 또는 수사에 포함시켜 분리하기도 한다. 여기에서는 우선 어형변화기준을 근거로 분류해보았다(아래 '4.2.8.수사' 부분을 참고). 자세한 논의는 독일어 화용개요 II <독일어 낱말>을 참고하기로 하자.

등과 같은 낱말이 사용되는 경우로 이는 남성 및 중성 소유격의 <-en>을 제외하고 정관사 변화의 어미와 똑 같은 변화어미를 갖는다. 이는 이런 변화어미가 관사를 표시하는 기능을 갖는 것을 의미한다.
강변화 어미변화의 형태와 어미를 도표화하면 다음과 같다.

〈형용사 + 명사〉 ⇒ 〈형용사(어미변화) + 명사〉
〈folgend-, andere-, deren, dessen +형용사 +명사〉 ⇒ 〈folgend-, andere-, deren, dessen +형용사(어미변화) +명사〉

	주격	소유격	여격	목적격
남성	er	en	em	en
여성	e	er	er	e
중성	es	en	em	es
복수	e	er	en	e

· Sie ging nachts durch einsame Straße.

· Die Kertze leuchtet so schön in kleinem dunklem Zimmer.

· Sie hat flinke Beine.

· An dem Strand waren viele Sorten von bunten Blumen.

• - **약변화**Schwache Adjektivdeklination: 약변화는 명사를 수식하는 형용사 앞에 정관사나 정관사에 준하는 낱말, 예를 들어 <dies-, jen-, solch-, jed-, folgend-, all-, manch- +(er/e/es)> 등이 사용되는 경우로, 단수의 주격에만 <-e>를 통해 나머지의 모든 격에는 <-en>을 통해 변화한다. 독일어에서 중성과 여성의 주격과

목적격 동일원칙에 따라 여성과 중성의 목적격 또한 <-e>로 변화한다. 우리의 관점에서 설명하면 단수 주격과 목적격에 <-e>를 붙이고 나머지 모든 격에는 <-en>을 붙인다. 단, 단수 남성 4격은 예외로 <-en>을 붙인다. 이를 도표화하면 다음과 같다.

〈정관사 + 형용사 + 명사〉 ⇒ 〈정관사 + 형용사(어미변화) + 명사〉

〈dies-, jen-, solch-, jed-, manch-, folgend-, all- +형용사 +명사〉
⇒ 〈dies-, jen-, solch-, manch-, all- + 형용사(어미변화) +명사〉

	주격	소유격	여격	목적격
남성	e	en	en	en
여성	e	en	en	e
중성	e	en	en	e
복수	en	en	en	en

· im hellen Licht

· ins offene Meer

· vom frühen Morgen an

· im Auftrag des berühmten Komponisten

• - **혼합 변화**[Gemischte Adjektivdeklination]: 혼합변화는 명사를 수식하는 형용사 앞에 부정관사나 부정관사에 준하는 낱말, 예를 들어 <kein/keine/ kein(=nicht ein), mein, dein, sein, euer, ihr> 등과 같은 소유대명사가 나타나는 경우로, 이때는 단수 주격과 목적격은 정관사의 격 어미와 똑같은 어미로 변화하고, 나머지에는

<-en>으로 변화한다. 이를 도표화하면 다음과 같다.

〈부정관사 + 형용사 + 명사〉 ⇒ 〈부정관사 + 형용사(어미변화) + 명사〉
〈kein, mein, dein, sein, euer, ihr + 형용사 + 명사〉 ⇒ 〈kein, mein, dein, sein... + 형용사(어미변화) + 명사〉

	주격	소유격	여격	목적격
남성	er	en	en	en
여성	e	en	en	e
중성	es	en	en	es
복수	en	en	en	en

- deinen von Vater geschenkten Fußball
- ihren ins Dorf entlaufenen Hund
- Es war eine nette Geste von ihr, mich anzurufen.
- Sie findet keine saubere Tasse im schönen Schrank.
- Sie trug solch ein schönes Kleid.

• - **형용사 비교변화**die Komparation des Adjektives/Steigrung: 독일어 형용사는 비교급과 최상급형태를 갖는다. 형용사의 원급Positiv에 <-er>를 붙어 비교급Komparativ을 그리고 <-est>가 첨가된 형태로 최상급Superativ을 **규칙적**으로 형성한다. 이런 관계는 다음과 같이 요약될 수 있다.

Positiv원급	〈+-er〉Komparativ비교급	〈+-(e)st〉Superativ최상급
sicher	sicherer	sicherst/am sichersten
dick	dicker	dickst/am dicksten
alt	älter	ältest/am ältesten
grob	grober	gröbst/am gräbsten
jung	junger	jüngst/am jüngsten

특히, 형용사가 <alt>, <lang>, <jung>과 같이 1음절인 경우에는 대부분 모음표시문자인 <a, o, u>가 <ä, ö, ü>인 전설모음으로 변화한다.
그 외에도 <gut - besser - best>, <viel - mehr - meist>등과 같이 **불규칙**적인 변화형태를 갖는다. 또한 <wenig>처럼 <wenig - weniger - wenigst>로 규칙적으로 변화하는 경우와 <wenig - minder - mindest>처럼 불규칙적인 변화가 공존하는 경우도 있는데, 이는 사용 환경에서의 의미와 밀접한 관련이 있다. 이런 불규칙적인 변화관계는 다음과 같이 요약될 수 있다.

Positiv[원급]	Komparativ[비교급]	Superativ[최상급]
gut	besser	am besten
viel	mehr	am meisten
hoch	höher	am höchsten
nahe	näher	am nächsten

· <-el>, <-er>로 끝나는 형용사비교급에서 <e>가 생략된다.
- dunkel → dunk**ler**, heikel → heik**ler**

· 장모음 뒤에 <-er>로 끝나는 경우 형용사비교급에서 <e>가 생략된다.
- teuer → teu**rer**, sauer → sau**rer**

· 그 외의 형용사가 <-er>이나 <-en>으로 끝나는 경우에는 두 가지

형태로 나타난다.

- bescheiden → beschei**dener**/bescheid**ner**,
- trocken → trocken**er**/trock**ner**

· 복합된 낱말[Kompositum]은 마지막 낱말이 변화하는 형태를 띤다.

- altmodisch → altmodisch**er** → altmodisch**st**
- langweilig → langweilig**er** → langweilige**st**

· 분사와 복합된 형용사의 경우에는 첫 번째 또는 두 번째 낱말이 변화하는 경우도 있다.

- weitreichend**ere** Maßnahmen
- weit**er** reichende Maßnahmen

· 형용사의 사용환경이나 화용의미로 인해 비교변화가 불가능한 또는 비교변화가 의미 없는 형용사들도 있다. 이들은 대부분 이미 최상의미를 포함하는 경우와 비교가 불가능한 개념을 포함하는 낱말들이다.[48] 아래 낱말예시를 통해 이들의 개념을 정리하면 다음과 같다.

- hölzern, golden, eisen, kinderlos, einwandfrei, unverheiratet, leer, stumm, tot, nackt, endgültig, viereckig, schriftlich, chemisch, prima
- grün, schwarz, weiß, blau, rosa, orange
- steinreich, schneeweiß, nagelneu, grundfalsch, uralt
- optimal, zentral, absolut, ideal, total
- einzig, letzt, ganz, völlig, hauptsächlich, bestmöglich, größtmöglich

48 이런 형용사들의 의미를 정확히 이해하지 못하면 이들을 비교변화하는 오류를 범할 수 있다. 이들의 화용의미를 정확히 이해하는 것이 물론 중요하지만 우리의 위치에서 이를 파악하는 것은 쉽지 않다. 따라서 낱말을 배우는 처음부터 개개 낱말의 핵심의미와 이들의 주변의미를 정확히 이해하려는 노력이 필요하다.

· 동일한 등급을 표시할 때는 <wie>를 <anders als, nichts als, niemand als, keiner als>와 다른 비교등급표시는 <als>를 사용하고, <als>가 겹쳐져 <als><als>로 나타나는 경우에는 <denn><als>를 사용한다.

- Er ist so klug **wie** sie.
- Der eine ist so bekannt **wie** der andere.
- Der eine ist so bekannt**er als** der andere.
- Stahl ist härt**er als** hloz.
- Als Freund ist er mir lieb**er denn als** Feind.

Übung 28

형용사의 3가지 변화형과 비교변화에 대한 특징을 자기언어로 기술하고 예를 중심으로 다음의 도표를 완성하여 보자.

Deklinationsarten	Beschreibung	Beispiele
Starke Adjektivdeklination		
Schwache Adjektivdeklination		
Gemiste Adjektivdeklination		

Positiv원급	Komparativ비교급	Superativ최상급

4.2.5 전치사

전치사 기능

독일어의 '전치사[Präposition]'는 (장소를 나타내는) 부사에서 유래한다. 따라서 부사처럼 장소<auf, unter, über>, 시간<während, zwischen>, 인과관계<infolge>, 방법<gemäβ> 등의 관계를 확대하여 전달정보의 구체성을 표시하는 기능을 한다.[49] 전치사의 위치는 그 이름 <**Prä-**: 앞> + <Position: 위치>가 암시하듯, 명사를 의미단위의 핵으로 하는 전치사구를 이끌고 정보단위인 전치사구의 격변화를 유도한다. 이 변화와 위치는 대부분 각각의 전치사에 따라 고정되어 있다.

전치사의 종류

우리는 이들을 분류해서 소유격/2격<auβerhalb, zugunsten, infolge>, 여격/3격<gegenüber, vor, zwischen> 또는 목적격/4격<durch, für, ohne> 지배전치사라고도 칭한다. 이들을 분류하면

- \- 소유격 유도 전치사: während, aufgrund, trotz, wegen, um... willen
- \- 여격 유도 전치사: ab, aus, aus...heraus, auβer, bei, dank, ent-

---

49 동사(의미)구조 (**warten auf** etw./jedn.)에 의해 정보단위, 예를 들어 <Er **wartet** <u>**auf** seine*n* 'Freund.</u>>에서와 같이 동사가 항상 전치사를 동반하고, 이 전치사가 *목적격*을 유도하여 목적어 기능을 하는 경우를 전치사목적어라 한다. 반면에 동사 <warten auf>가 <warten auf **wo**>의 형태를 취하면서 <Er **wartet** <u>**auf** dem 'Spielplatz.</u>>와 같은 의미단위를 형성하게 되면, 이 전치사구는 장소를 표시하는 '부사적 기능을 하는 명사규정어'로 전환될 수 있다(여종문, 2012:147 참고).

전치사의 의미를 이해할 때 주의: 전치사격은 우리말에서 소유격, 여격 및 목적격을 나타내는 <-의, -에게> 및 <-을/를>로 표현되는 격의 의미와는 비교할 수 없는 경우로도 많이 쓰인다. 이 때문에 전치사는 함께 쓰이는 동사 또는 형용사와 함께 숙지하는 것이 바람직하다. 형용사와 관련된 부분은 위 형용사의 '부사적 기능'과 관련주석을 참고하기로 하다.

lang, gegenüber, gemäβ, mit, nach, von, zu, zufolge, biszu

• - 목적격 유도 전치사: durch, für, gegen, ohne, um, entlang

하지만, 예를 들어 'auf, unter, über'와 같은 장소표시 전치사들은 연관된 동사의 의미구분에 따라 <Das Buch liegt auf **dem** Tisch>, <Ich lege das Buch auf **den** Tisch>에서와 같이 여격(wo: 고정위치)과 목적격(wohin: 이동방향)을 유도하기도 한다. 이와 같이 고정된 장소와 장소의 이동방향변화 표시를 나타내는 표현을 위해서 동일한 전치사가 다른 격인 여격-목적격/3-4격을 갖는데 이를 여격/목적격 유도전치사라고 칭한다.

• - 여격 및 목적격 유도 전치사: an, auf, in, hinter, neben, über, unter, zwischen

독일어의 전치사의 위치는 그 이름 <Prä-: 앞 + Position: 위치>가 암시하듯 대부분 관계된 표현의 앞에 위치해서 그 표현단위의 격을 유도하지만, <wegen des Regens, des Regens wegen>에서 <wegen>과 같이 관계된 표현의 앞 또는 뒤 그리고 <um des Kindes willen> 에서 <um - willen>과 같이 관계된 표현의 앞과 뒤에 위치하기도 한다.

Übung 29

전치사는 명사를 의미단위의 핵으로 하는 정보단위를 이끌고 격변화를 유도한다는 사실을 근거로 다음의 도표를 완성해보자.

Präposition	Beispiele
durch	
fur	
ohne	
um	
entlang	
gegen	

mit	
von	
zu	
bei	
aus	
seit	

zwischen	
an	
auf	
in	
hinter	
neben	
uber	
unter	

während	
trotz	
um...willen	

4.2.6 명사

명사의 기능

명사[Substantiv]는 사실/객체/개념 등 구체적이고 추상적인 내용을 칭하는 기능을 한다. 개별명사는 성-수-격[Genus-Numerus-Kasus]에 따른 변화를 한다. 이런 변화를 여러 방법에 의해 체계화하려는 결과에도 불구하고 개별명사에 준해서 익히는 것이 효과적이다.

- **- 명사의 성**[Genus des Substantives]: 독일어 명사의 성[Genus]은 문법적인 성[grammatisches Geschlecht]으로 남성[Maskulinum], 여성[Femininum] 및 중성[Neutrum]으로 구분된다. 명사의 성은 <Vater>, <Mutter>, <Buch>, <Heft> 등과 같이 자연적인 성과 일치하는 경우가 있다. 이 때문에 명사의 성을 자연적인 성과 연결시키거나 체계적인 분류를 시도하는 경향이 있는데 이는 무의미하다. 사실 명사의 성은 자연적인 성과는 무관한 '문법적인 성'으로 명사 자체에 내연되어 있다.
  명사자체에 내연되어 있는 문법적인 성은 관사 <der, die, das>, 소유 대명사 <mein, dein, sein, ihr> 또는 지시대명사 <dieser, diese, dieses> 등과 같이 명사를 동반하는 낱말(동반사[Begleiter von Substantiven]) 또는 명사규정어[Determinator]를 통해 명사의 실현형태에 명시되어 진다.
  따라서 명사기능을 갖는 낱말은 이들의 성을 표현하는 대표적 지시사인 정관사 <der, die, das>와 함께 기억하는 것이 좋다.

- der/mein/dieser Vater/Sohn/Tisch/Hase/Käse/Frust
- die/meine/diese Mutter/Tochter/Norm/Faust/Regel

· das/mein/dieses Buch/Heft/Büro/Fundament/Amt

• - **명사의 격**[Kasus des Substantives]: 독일어에서 명사기능을 갖는 낱말은 **4가지의 격**을 갖는다. 이들은 우리말로 '주격/1격', '소유격/2격', '여격/3격', '목적격/4격'으로 표현된다. 이런 '격' 표현은 위에서 소개한 관사, 소유대명사, 지시대명사 등과 같은 동반사나 규정사를 통해 실현된다. 명사에 따라서는 소유격과 여격에서 명사의 끝에 <s/es>와 <-n>이 첨가되기도 한다. 이들 격변화를 명사의 성 표시 규정사인 정관사를 중심으로 보면 다음과 같다.

	주격	소유격	여격	목적격
남성	der	des	dem	den
여성	die	der	der	die
중성	das	des	dem	das

• - 명사의 수[Numerus des Substantives]: 독일어 명사의 '격'변화는 이들이 단수를 표현하는 경우는 위의 도표와 같이 또 복수를 표현하는 경우, 복수를 표현하는 정관사 <die>의 격변화에 따라 변화한다.

	주격	소유격	여격	목적격
복수	die	der	den	die

이들을 자세히 살펴보면 여성, 중성, 복수형의 1격과 4격이 동일한 형태를 갖는 것을 관찰할 수가 있다. 이들 격변화 형태들은 명사의 기능을 표시하는데, 대부분 이들은 우리말의 주격 <...은/는/이/가>, 소유격 <...의>, 여격 <...에게> 그리고 목적격 <...를/을>로 이해

또는 전환될 수 있다.

명사의 종류

명사는 이들이 지칭하는 대상에 따른 분류를 기본으로 한다. 이들을 도표로 요약하면 아래와 같을 수 있다.

Substantiv/Nomen						
Eigennamen		Gattungsnamen				
Konkreta	Abstrakta	Massenomen		Kollektiva	Zählnomen	
(Namen)	(selten)	(Konkreta)	(Abstrakta)	– Volk	(Konkreta)	(Abstrakta)
– Maier	– Volt	– Reis	– Fieber	– Familie	– Huhn	– Zahl
– Italien		– Wasser	– Klarheit		– Stein	– Tag
– Berlin						

Übung 30

명사자체에 내연되어 있는 문법적인 성[Genus des Substantives]은 동반사[Begleiter von Substantiven] 또는 명사규정어[Determinator]를 통해 실현형태에 명시되어 진다. 이런 이유에서 명사기능을 갖는 낱말은 성을 표현하는 정관사와 함께 학습하는 습관이 필요하다. 이제 다음 명사들의 성에 따라 그 의미를 분류해보자.

Band	das Band 끈	der Band 책의 권	die Band 음악 밴드
Bauer	der	der/das	
Bund	der	das	
Erbe	der	das	
Flur	der	die	
Gehalt	der	das	
Hut	der	die	
Junge	der	das	
Kaffe	der	das	
Kiefer	der	die	
Kunde	der	die	
Laster	der	das	
Leiter	der	die	
Mast	der	die	
Moment	der	das	
Reis	der	das	
Schild	der	das	
See	der	die	
Steuer	die	das	
Stift	der	das	
Tau	der	die	
Tor	der	das	

4.2.7 대명사

대명사 기능

독일어 대명사는 앞에 나온 낱말이나 뒤에 나오는 낱말을 대신하거나 또는 지시하는 기능을 갖는다. 대명사도 격변화를 통해 이들이 문장요소기능을 한다.

대명사의 종류

독일어에서의 대명사는 주로 인칭대명사, 소유대명사, 지시대명사, 의문대명사 , 관계대명사, 재귀대명사, 비한정대명사 등으로 나누어진다. 완전하지는 않지만 이들을 요약해서 도표화하면 아래와 같다.

인칭대명사	ich, du, wir, ihr, er, sie, es
소유대명사	mein, dein, sein, ihr
지시대명사	dieser, diese, dieses, jenes, diejenige
의문대명사	wer, wessen, wem, wen, was
관계대명사	der, die das, welcher, welche, welches
재귀대명사	mich, dich sich, uns, euch
비한정대명사	jemand, jeder, irgendein, irgendwelche, all

Übung 30

아래 도표는 완전하지는 않다. 추가될 수 있는 대명사를 첨가하도록 하자.

인칭대명사	ich,
소유대명사	mein,
지시대명사	dieser,
의문대명사	wer, was
관계대명사	der,
재귀대명사	mich,
비한정대명사	jeder,

다음 도표는 세 종류의 형용사 변화와 관련되어 있다. 해당 형용사(어미변화)를 해당될 수 있는 대명사를 첨가하고 그 특징을 자기 언어로 설명해보도록 하자.

형용사 **강변화** ⇒ 〈형용사(어미변화) + 명사〉
⇒ __________ __________ +형용사(어미변화) +명사 __________

형용사 **약변화** ⇒ 〈정관사 + 형용사(어미변화) + 명사〉
⇒ __________ __________ +형용사(어미변화) +명사 __________

형용사 **혼합변화** ⇒ 〈부정관사 + 형용사(어미변화) + 명사〉
⇒ ______________________ ______________________ +형용사(어미변화) +명사 ______________________

4.2.8 수사[Numeri/Zahlwörter]

수사의 기능 및 종류

독일어에서 수를 표시하는 수사는 기본 숫자/기수[Grundzahlen]와 차례를 표시하는 차례 숫자/서수[Ordnungszahlen]로 구분된다.[50] 이외에도 나눈 숫자/분수[Bruchzahl] 등과 같은 수학적인 수를 나타내는 낱말들로 구분된다.

수사를 읽는 방법

〈기수〉

0 null,

1 eins, 2 zwei,

3 drei, 4 vier, 5 fünf, 6 sechs, 7 sieben, 8 acht, 9 neun,

전화번호는 명확성을 위해 보통 단 단위 숫자로 읽는다. 경우에 따라서는 표현하기 쉬운 숫자를 구분하여 모든 단위를 사용할 수 있으나, 대부분 백 단위를 최대 구분단위로 사용한다. 예를 들어, 전화번호 (0511)234566는 0/5/1/1/2/3/4/5/6/6 또는 0/5/11/23/ 45/66 또는 0/511/234/566 등으로 읽는다.

10 zehn, 11 elf, 12 zwölf,

13 dreizehn, 14 vierzehn, 15 fünfzehn, 16 sechzehn, 17 siebzehn,

18 achtzehn, 19 neunzehn, 20 zwanzig

기본 수 '1'이 단독으로 쓰일 때는 <eins>로 읽어야 하지만, 20 이상 99까지의 다른 수와 결합되면 <ein>으로 읽는다. 단 단위와 십 단위 사이에는 <und>를 삽입한다. 이들을 읽는 방법은 적은 단위를 먼저 읽고

50 수사는 형용사에 포함시켜 분류하기도 한다. 위의 '4.2.4 형용사'의 '형용사의 종류'를 참조하기로 한다.

그 다음에 십 단위를 읽는다. 이는 국어나 영어와 비교할 때 전혀 다르기 때문에 주의를 요한다. 또 수사는 일상생활에서 가장 많이 사용하는 언어표현중의 하나이기 때문에 많은 연습을 필요로 한다.

21 einundzwanzig, 22 zweiundzwanzig, 23 dreiundzwanzig,
24 vierundzwanzig, 25 fünfundzwanzig, 26 sechsundzwanzig,
27 siebenundzwanzig, 28 achtundzwanzig, 29 neunundzwanzig,
30 dreißig,
40 vierzig, 50 fünfzig, 60 sechzig, 70 siebzig, 80 achzig,
90 neunzig, 91 einundneunzig (...) 99 neunundneunzig,
100 einhundert, 101 einhunderteins (...) 112 einhundertzwölf,
113 einhundertzwölf, 199 einhundertneunundneunzig,
200 zweihundert, 999 neunhundertneunundneunzig,

연도는 두 자리씩 읽고 백 단위에 <hundert>를 삽입한다. 예를 들어, '1945년'의 경우 '19-hundert-45'로 읽는다.
1000 eintausend, 1001 eintausendeins,
1999 eintausendneunhundertneunundneunzig, 2000 zweitausend,

천 단위는 독일인들의 숫자개념의 기본이 된다. 따라서 천 단위가 넘는 숫자는 천 단위를 기준으로 분리해서 읽는다.
2000 zweitausend, 10000 zehntausend, 100000 hunderttausend,

〈서수〉

우리말에서 첫째, 둘째, 셋째, 넷째 등과 같이 차례 또는 순서를 나타내는 독일어의 서수는 아라비아 숫자로 표기된 기수의 뒤에 점(.)을 찍어 나타낸다. 이를 읽는 방법을 일반적인 체계를 기준으로 설명하면, 기수 4.에서 19. 까지는 이 숫자 뒤에 <-t>를 20부터는 <-st>를 붙여 읽는다.

하지만 여기에도 1.: <erst>, 3.: <dritt>와 같이 한 두 가지의 변형형태가 존재하므로 이를 따로따로 익히는 것이 좋다.

1. erst, 2. zweit, 3. dritt

4. viert, 5. fünft, 6. sechst, 7. siebt,

8. acht

9. neunt, 10. zehnt,

11. elft, 12. zwölft, 13. dreizehnt, (...)

18. achtzehnt, 19. neunzehnt,

20. zwanzigst, 21. einundzwanzigst, 23. dreiundzwanzigst,

99. neunundneunzigst,

100. einhundert, 101. einhunderterst etc.

4.2.9 접속사

접속사기능

접속사[Konjunktion]는 이의 명칭에 내재된 의미 "Kon함께 + Junktor연결사"에서 파악할 수 있듯, 언어단위인 낱말 또는 낱말뭉치 및 문장의 형태와 의미를 연결하는 기능을 한다.

접속사의 종류

접속사는 이들의 형태와 의미 및 연결방법에 따라 구분할 수 있다. 우선 문장을 연결할 때 동사의 위치에 따라 구분하면 '병렬접속사'와 '종속접속사' 두 종류로 구분할 수 있다.

• - **병렬접속사**[koordinierende/nebenordnende Konjunktion]: 병렬접속사는 (주어 +술

어+...) 어순을 가진 두 개 이상의 주문장을 어순의 변화 없이 (주어 +동사 +...) +접속사 +(주어 +술어 +...) 형태로 연결하는 기능을 한다. <und, oder, aber, denn, sowohl - als auch, entweder - oder, weder - noch> 등이 이에 속한다.

· Ich liebe dich. Ich liebe ihn auch.

⇒ Ich liebe dich und (ich liebe) ihn auch.

· Ich liebe dich. Er liebt dich nicht.

⇒ Ich liebe dich aber er liebt dich nicht.

• - **종속접속사**[subrdinierende/unterordnende Konjunktion]: <wenn, weil, da, bevor, als, daβ, ob, indem> 등과 같은 종속접속사를 이용한 문장의 형성은 어순변화를 필요로 한다. 종속접속사를 앞에 붙여 의사표현을 하는 경우에는 표현단위인 문장의 어순이 "접속사 +(주어 +... +술어)"형태를 갖는다. 즉, 술어/동사(구)가 문장 끝에 나오는 구조를 유도하는 기능을 한다.

· Ich weiβ es. Er liebt dich nicht.

⇒ Ich weiβ, daβ/dass er dich nicht liebt.

위 예의 종속접속사로 이끌어지는 표현단위<daβ/dass er dich nicht liebt>를 주문장인 <Ich weiβ(es)>의 앞에 붙여(도치되어) 의미를 전달할 수도 있는데, 이 경우에도 독일어의 술어위치는 '독일어 서술문의 술어는 문장의 두 번째에 위치한다.'는 일반적인 원칙이 적용된다. 따라서 다음과 같이 표현된다.

· Ich(1) weiß(2), daß/dass er dich nicht liebt(3).

⇒ Daß/dass er dich nicht liebt(1), weiß(2) ich(3)>

• - **접속사의 구분**: 우리는 접속사를 형태와 의미 및 연결방법에 따라 구분할 수 있는데, 우리가 자주 접하는 접속사의 연결의미와 방법에 따라서 구분하면 다음과 같다.

연결방법 ⇒	병렬	종속
연결의미 ⇓		
연계	und, dazu, ebenfalls, sowohl - als auch	
선택	oder, entweder - oder	
반대	aber	während
조건		wenn, falls
이유	denn	weil, da
시간/빈도	dann	als, wenn, seit, bevor, bis, während, ehe, nachdem, seitdem, sooft, solange
결과	daher, darum, also, deshalb, deswegen, somit	so daß
목적	darum, dazu	damit, um...zu, daß
용인	trotzdem	obwohl, obgleich, wenngleich
방법		indem, wie
비교		wie, als (ob), als/wie wenn
제한	(in)sofern	inwiefern, soweit
수단	damit, dadurch	dadurch, daß, indem
부정	aber...nicht, nicht...sondern	ohne daß, ohne...zu, (an)statt daß, (an)statt...zu

Übung 31

접속사 <während> '반대'와 '시간/빈도'를 표시하는 그리고 <wenn>은 '조건'과 '시간/빈도'를 표시하는 종속접속사로 기술되어 있다. 또한 <dadurch>는 '수단'의 연결의미를 포함하고 '과 병렬과 종속접속사로 병행해서 사용되는 것으로 나타나 있다. 다른 문헌에서 이들 접속사와 관련된 예를 찾아 아래 도표를 완성해보자.

während	반대		
	시간		
wenn	조건		
	시간		
dadurch	수단	병렬	
		종속	

5

낱말억양

억양의 기능

언어소리의 리듬구조를 운율이라 한다. 개별 음절의 고-저 및 장-단을 넘어서는 운율요소prosodisches Merkmal는 휴지구성 등과 함께 한편으로는 언어의미를 전달하기 위한 요소로 다른 한편으로는 언어소리의 특정한 의미해석만을 유도하는 언어요소로 기능한다.

억양의 종류와 상관관계

독일어의 운율적인 요소 중에서 화자의 의사소통과 의도전달을 위해 실현되는 운율적 특징요소를 억양Intonation으로 그리고 낱말범주 안에서는 낱말강세Wortakzent 또는 낱말악센트로 이해하기로 한다.[51] 낱말악센트는 멜로디, 음성역학적 그리고 시간악센트를 기반으로 한다.

- - **멜로디 악센트**melodischer Akzent: 멜로디라는 낱말이 의미하듯 악보에서의 음계와 비슷한 소리의 상대적인 '고-저'를 중심으로 '강-약'의 역학관계가 작용한다.
- - **음성역학 악센트**dynamischer Akzent: 음성역학이라는 낱말이 의미하듯 모음이나 장음을 주변의 다른 음절과 비교해 강하게

51 억양은 언어적인 의미전달단위 또는 문장의 문법구조적인 순서 및 배열조정 없이 언어소리의 특정의미를 유도하고 언어를 통한 정보전달행위를 명확하게 한다. 즉, 의미단위를 구성하는 소리뭉치의 억양 그 자체만을 조정함으로서 화자의 특정한 의미전달과 이에 따른 언어적 화용행위인 '설명' 또는 '질문' 혹은 '요구' 등을 실현할 수 있게 하고, 청자가 이런 행위를 정확하게 해석할 수 있도록 유도한다. 언어 구조적으로 나눌 수 있는 소리와 그 소리를 표시하는 표시문자범위를 넘어, 언어의 구조와 연계구조 그리고 그 변이구조에 까지도 영향력을 행사하는 특징을 가진 억양요소를 초분절적 요소Suprasegmentales Merkmal라 한다. 여기에서는 'Wort-/Satzakzent, Wort-/Satztongebung, Wort-/Satzbetonung'등의 용어를 통해 적용영역을 구분-제한하지 않고, 개별적인 의미전달단위전체를 아우르는 강세분할로 이해하기로 한다.

발음하여 악센트를 주는 억양형태로 소리의 상대적인 '강-약'을 중심으로 '고-저'의 역학관계가 작용한다.

- \- **시간 악센트**temporaler Akzent: 시간적인 억양은 강조되어야 할 음절을 길게 발음하는 방법을 통해 강세를 주는 억양형태를 말한다. 소리 '장-단'의 역학관계를 중심으로 '고-저'와 '강-약'의 역학관계가 작용한다고 볼 수 있다. 음절의 짧고 이완된 모음에서는 시간악센트가 나타나지 않는 것으로 이해할 수 있다. 이는 언어화용에서 강조되는 음절이나 낱말이 길게 발음되는 것을 통해 확인된다.

이 세 억양의 조화 또는 부조화에 관한 내용은 언어소리를 다루는 음성학/음운론, 낱말과 낱말생성을 다루는 형태론 그리고 문장에 관한 내용을 중심으로 논의하는 통사론 등으로 표현되는 언어학의 한 영역에 한정해서 설명하기가 어렵다. 이런 현상은 낱말악센트가 고정된 규칙에 의해 나타나는 것이 아니라, 발화상황에서 화자의 정보전달을 위한 언어화용에 따라서 조정되고 모든 영역을 대상으로 확대될 수 있기 때문이다.[52]

52 예를 들어 독일어 낱말 <nach>가 동사나 명사의 구성요소인 <'nachbestellen>일 때는 악센트를 갖지만, <Ich fahre nach Ber'lin.>이라는 문장에서 전치사로 사용될 때는 악센트를 갖지 않는다. 또한 시간 악센트는 음절이 길게 발음되는 현상을 통해 강세가 실현되기 때문에 짧고 이완된 모음에서는 나타나지 않는다. 하지만 실제 발화현상에서는 다르게 나타날 수도 있다. 특히, 화자의 강한 정보전달의도가 반영되고 이에 따른 발화조건이 적합한 경우에 그렇다. 예를 들어 <es schmeckt!(sehr gut)과 <es schmeckt nicht!(sehr gut)>에는 시간악센트를 통해 화자의 강도 높은 발화의도가 반영될 수 있는 조건을 갖추고 있다. 즉, 짧고 이완된 모음의 앞뒤에 나타나는 자음이 길게 발음될 수도 있는 공명음/마찰음이기 때문에 <es schmeckt!(sehr gut)>가 [ɛs'ʃm:ɛ:kt]로 그리고 <es schmeckt nicht!(sehr gut)>가 [ɛs'ʃm:ɛ:ktn:ɪ'ç:t]로 실현될 수도 있게 된다. 이 과정에서 짧고 이완된 모음 [ɛ] 앞

• - 모음의 '고-저'와 '강-약' 그리고 '장-단'의 상관관계: 독일어모음의 '고-저'와 '강-약' 및 '장-단' 요소는 독일어음절의 음높이와 성량 그리고 발화시간과의 연계성을 갖고, 음절에 특별한 의미를 부여한다. 강한 악센트를 가진 음절을 중심으로 그 전후에 나타나는 다른 음절과 비교해보면 다음과 같은 경향을 관찰할 수 있다.

- 강한 악센트를 가진 음절의 **앞**에 나오는 음절은 **짧게** 발음된다.
- 강한 악센트를 가진 음절은 높게, 크게 그리고 길게도 발음된다.
- 강한 악센트를 가진 음절의 **뒤**에 나오는 음절은 **낮게** 발음된다.
- 강한 억양을 가진 음절의 뒤에 나오는 음절의 [e]는 약하게 발음된다.

그러나 이들을 구분지어 별개의 요소로 분리하는 것은 불가능하다. 이들 간의 연계는 언어화용에 따른 실현형태 안에서 항상 변화가능성이 존재하기 때문에 개개의 의미단위 영역에서의 획일적인 구분보다는 의미단위의 화용영역을 중심으로 논의되어야 한다.

의 [m]이 [m:]으로 그리고 [ɛ]가 [ɛ:]로 길게 발음되고 이에 따른 악센트를 가진 음절 ['ʃm:ɛ:kt]로 실현되면서 화자의 감정이입이 가능하게 된다. <nicht>의 경우에도 [n:ɪ'ç:t]로 실현되면서 짧고 이완된 모음 [ɪ]의 앞뒤의 자음인 [n:]과 [ç]가 [n:]과 [ç:]로 길게 발음되고 또 ['ç:]에 강세가 유지되는 현상을 보일 수도 있다. 이와 같이 음절, 낱말 그리고 문장과 같은 특정한 분할영역을 넘어서서 나타나는 언어적인 특징을 초분할영역적 특성suprasegmantales Merkmal이라고 표현하기도 한다. 독일어소리연결이 음절로 실현되고, 우리는 이를 확대해서 낱말과 문장에 적용하고 또 이 적용능력을 통해 화자가 원하는 언어화용을 실현시킨다는 확대-고리구조를 전제로 낱말악센트와 문장악센트를 초분할영역적인 특성으로 이해한다.

낱말강세Wortakzent

독일어 단순낱말은 마지막 음절에 강세가 나타나는 것이 원칙이지만 (Duden4, 2009:48) 마지막음절에 강세가 나타나지 못할 경우, 그 앞 음절에 강세가 나타난다.

- 예를 들어 <aktive>, <aktiven>, <lange>, <langen>, <Ecke>, <Ecken>, <Miete>, <mieten>, <Schule>, <habe>, <haben>, <Segel>, <segeln>, <Esel>, <schreiben>, <wegen>, <heute> 등과 같은 형용사나 부사 그리고 명사와 동사의 마지막음절이 <-e>, <-en>, <-el>, <-eln> 등으로 끝날 경우에는 그 앞 음절에 강세가 나타난다.

이는 문자 <e>로 표기되는 [ɛ]가 강세를 취할 수 없는 [ə]로 실현되는 경우에 그 앞 음절에 강세나 오는 것을 의미한다. 이런 경우에 속하는 것은 <-el>, <-eln> 등으로 끝나는

- 동사가 시간과 인칭에 따른 어형변화를 할 경우.
- 동사가 현재분사로 변형되어 명사의 성과 수에 따른 변화를 할 때.
- 축소접미사가 연계되어 나타나는 끝음절 연계형태들이다.

이들은 예들 들어 <-ender>, <-endes>, <-endem>, <-enden>; <-elte>, <-eltest>, <-elnder>, <-elndes>, <-elndem>, <-elnden>, <-elchen> 등으로 한편으로는 모음동화에 의해 약화된 모음형태로 나타나는 현상으로 이해할 수도 있다. 다른 한편으로는 독일어에서 - 몇몇의 외래어에 나타나는 접미어를 제외하고는 - 접미어에는 강세가 오지 않는다는 일반적인 현상에 기인하는 것으로도 이해가 가능하다.

독일어동사의 악센트는 일반적으로 어근에 나타나는 것으로 알려져

있으나,[53] 낱말 안에서의 악센트위치도 항상 특정한 음절에 고정되어 있는 것은 아니다. 동사의 비분리전철 특히 <er->, <be->, <ge->, <ver->, <zer->, <ent->에는 강세분할이 되지 않는다(Duden4, 2009:49). 이를 근거로 낱말강세의 일부를 다음과 같이 정리할 수 있다.

- 독일어 단순낱말은 마지막 음절에 강세가 분할된다.
- 그렇지 못할 경우에는 그 앞 음절에 강세가 나타난다.
- 동사의 비분리전철에는 강세가 오지 않는다.[54]

이 원리에 의거하면 분리 가능한 전철과 분리가 불가능한 동사전철의 강세분할도 명확해진다. 악센트 규칙은 음절을 이루는 소리에 관한 것 뿐만이 아니라, 낱말을 이루는 다른 영역과도 밀접하게 연관되어 있다. 이런 맥락에서 접두어뿐만이 아니라 접미어의 경우도 낱말의 강세분할과 밀접한 관계를 갖는다.

- 대부분의 접미어에는 악센트가 분할되지 않는다.
- 외래어표기 접미어인 ⟨-ist⟩-⟨Sozia'list⟩, ⟨-ant⟩-⟨Musi'kant⟩ 등은 강세를 갖는다. 다음은 이와 유사한 외래어접미어들이다.

⟨-abel, -age, -(i)al, -and, -anz, -är, -at, -ell, -ent, -ei, -enz, -euse, -ibel, -ier, -ine, -ion, -ität, -iv, -os, -ös, -nal, -nell, -ur ⟩

---

53 접두어를 통해 어형이 변화되는 경우, 아래 예시와 같이 악센트의 위치가 변화한다.

'kommen kam ge'kommen	'____ _ _'__
be'kommen be'kam be'kommen	_'__ _'_ _'__
'abkommen 'abkam 'abgekommen	'___ '__ '____
'abbekommen 'abbekamm 'abbekommen	'____ '___ '____
zu'vorkommen zu'vorkam zu'vorgekommen	_'___ _'__ _'_____

위의 예시를 통해서 확인할 수 있듯, 접두어 <be->와 <ge->에는 강세가 나타나지 않는다. 하지만, <zu>와 <vor>가 합해진 <zu'vor>에서는 <vor>에 악센트가 주어지는 것을 볼 수 있다. 2음절 부사인 <zuvor>는 독일어 단순낱말은 마지막 음절에 강세가 나타나는 음절원칙에 따라 악센트가 나오는 것으로 이해하면 된다. 낱말 안에서의 악센트에 대한 내용은 Duden4(2009: 48-50)을 참고하고 이로 인해 발생할 수 있는 학습상의 문제점에 대한 논의는 Yeo(2005: 61-64)를 참조하기로 한다.

54 위의 '4.2.1 동사' 부분의 '형태에 따른 동사구분'을 참조하기로 하자.

접미어 중에 특이한 성질을 가진 것들도 있는데, 예를 들면 <-isch>는 바로 그 앞 음절에 강세분할이 가능하면 그 곳에 강세를 유지하고(kore'anisch), <-or>은 낱말의 끝에 오면 강세가 없으나('Lek-tor), 강세가 오지 않는 음절이 뒤를 이으면(Lek-'toren) 그 자체에 강세가 나타난다(Duden4, 2009: 49).

강세를 동반하지 않는 낱말구성체는 낱말의 어근 앞과 어근 뒤에 오는 경우로 구분할 수 있다. 낱말어근의 앞에 오는 낱말구성체로는 비분리전철로 알려져 있는 <be-, ge-, er-, zer-, ver-, ent-> 그리고 <miß->[55] 등이다. 비강세 낱말구성체로서 낱말어근의 뒤에 오는 구성체는 어근의 앞에 오는 구성체 보다 많다. 이들은 <-bar>, <-chen>, <-haft>, <-heit>, <-lein>, <-ler>, <-lich>, <-ling>, <-los>, <-nis>, <-sal>, <-sam>, <-schaft>, <-tum>, <-wärts> 등과 <-er>, <-erlich>, <-ig>, <-igkeit>, <-selig>, <-ung> 등과 같은 형태접미어가 대부분을 이룬다. 이들 중의 일부를 낱말의 구성위치와 품사를 중심으로 예시로 도표화하면 다음과 같다.

앞	어근	뒤	동사	형용사	명사
be-			be-'suchen		Be-'such
		-bar		'furcht-bar	
ge-			ge-'schehen	ge-'heim	Ge-'tue
		-chen			'Fenster-chen
er-			er-'fahren		Er-'satz
		-haft		'nam-haft	
zer-			zer-'fallen		Zer-'fall
		-heit			'Kind-heit
ver-			ver-'suchen		Ver-'such
		-lich		'herr-lich	
ent-			ent-'gehen		Ent-'scheiden
		-sam		'selt-sam	
miß-			miß-'achten		'Miß-achtung
		-ig		'mut-ig	
		-ung			Ent-'scheidung

55 하지만 <miß->가 명사를 형성하는 경우, 예를 들어 <[e]'Miß-achtung, [e]'Miß-bildung, [r]'Miß-erfolg, [r]'Miß-kredit, [s]'Miß-trauen> 등과 같이 명사로 사용되는 경우에는 강한 억양이 <Miß->에 주어진다.

2개의 단순낱말이 결합하여 형성된 복합어[Kompositum/Zusammensetzung]인 경우의 강세분할은 첫 번째 낱말에 나타난다. 이 첫 번째 낱말의 악센트도 독일어 단순낱말에 나타나는 강세분할원칙에 의해 나타난다. 따라서 '규정어+근간어'로 형성된 2음절 복합어는 항상 규정어에 악센트가 나타난다.

'Rot-stift, 'Bahn-hof, 'Fahr-schule, 'Auto-reifen, 'Koch-topf, 'Post-amt, 'Kord-hose, 'Buch-laden, 'Eis-bär,'Lese-brille, 'Turn-hose

예외:
Jahr'hundert, Jahr'zehnte, Jahr'tausend, strom'abwärts, strom'abwärts, Kilo'meter

---

3개의 단순낱말이 결합하여 형성된 복합어도 2음절 복합어에서와 같이 규정어에 악센트가 온다. 하지만, 이 경우에는 '규정어'와 '근간어'간의 관계가 아래와 같이 여러 형태로 존재할 수 있다(Duden, 2009:50). 따라서 악센트분할의 어려움이 존재할 수도 있다.

---

1. (a+('b+c)), 2. ('a+(b+c)), 3. (('a+b)+c)

이런 복합낱말구성체들의 의미관계는 여러 가지로 분석될 수 있기 때문에 악센트분할에 어려움은 항상 존재한다(Yeo, 2005:62f). 하지만, 우선 2. ('a+(b+c))와 3. (('a+b)+c)의 구조를 살펴보면 맨 앞의 규정어에 악센트가 분할되는 것을 관찰할 수 있다. 그렇지 않은 1. (a+('b+c))과 같은 의미구조를 가진 예를 들어 <Welt-'hungershilfe>, <Bundes-'außenminister>, <Verwaltungs-'nebenstelle> 에서 <'Hungershilfe, 'Außenminister, 'Nebenstelle> 등에서와 같이 의미상으로 거의 단순어에 가까운 낱말구조를 포함하는 복합어의 규정어에 유의하면 무리는 없어 보인다. 이는 (a+('b+c))의 의미구조를 가진 복합어의 경우, ('a+(b+c))와 같이 맨 앞 규정어에 악센트가 분할된다 해도, 언어화용에 커다란 문제는 없어 보이는 것을 함의한다.

Übung 32

다음의 예시들의 악센트를 아래 3가지 유형에 따라 분류-구분하고 의미구조를 비교해보자. 어떤 낱말이 단순어와 비교할 만큼 일반화되어 있는지를 규정하고 이유를 적어보자.

Autobahnausfahrt,
Busbahnhof,
Eisenbahnstrecke,
Fernverkehrsstraße,
Hauptbahnhof,
Frauenparkplatz,
Hauptverkehrszeit,
Lastkraftwagen,
Nebenstellenleiter,
Kinderspielzeug,
Personkraftwagen,
Staßenbahnlinie,
Studentenwohnheim,
Taxihaltestelle,
Verkehrsleiteinrichtung,
Verkehrsknotenpunkt,

1.(a+('b+c)),	2.('a+(b+c)),	3.(('a+b)+c)

이유:

어느 음절에 낱말강세가 나타나는지를 표시하고 그 근거를 제시해보자.

segeln	se-gelte		se-geltest	
haben	ha-bender	ha-bendes	ha-bendem	ha-benden
segeln	se-gelnder	se-gelndes	se-gelndem	se-gelnden
Segel	Segelchen			

근거:

맺는말

언어는 인간의 생각을 담아내는 도구다. 생각을 언어로 담는 작업은 개인의 언어경험과 자아의식 성숙과 밀접한 관련이 있다. 우리의 생각이나 가치관을 담아내는 언어와 그 구성단위는 사회변화에 따라 그리고 이에 대한 경험은 개인의 성장환경에 따라 변화될 수 있다.

언어를 우리의 생각을 표현하는 도구로 더 나아가 의사소통을 위한 도구로 사용할 수 있는 가능성의 여부는 언어의 최소 단위인 소리와 음절 그리고 이를 바탕으로 형성되는 낱말과 낱말들의 결합구조와 표현요소들의 사회화된 의미를 이해했을 때야 비로소 가능하다. 즉, '이해하고 이해되고 싶은 의도'를 실현시키는 의사소통현상은 사회화된 낱말과 이들의 결합구조의 일반화된 소리의미를 이해했을 때 시작된다. 여기에 의사소통을 위한 도구로서의 사회화된 언어를 배우는 이유가 존재한다.

언어를 이용한 의사소통영역은 일반적으로 특정언어-사회집단 내의 언어규범에 벗어나지 않는 공집합의 개념을 바탕으로 개인의 언어규칙과 관련배경지식을 기반으로 형성된다. 그 관련성을 재구성해보면 아래와 같다.

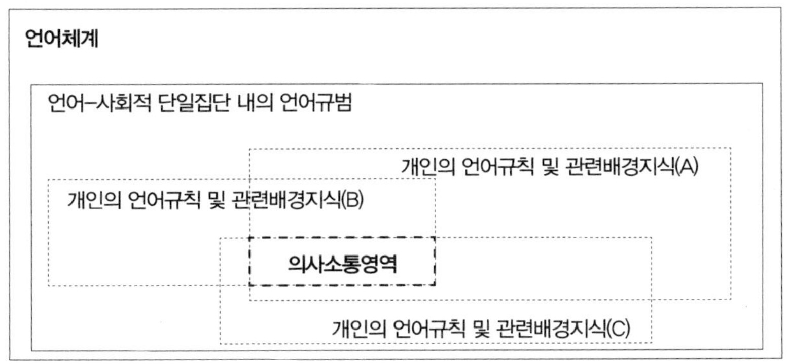

우리의 생각은 의사소통의도를 포함하는 내면언어로 형성된 의미구성체 -우리의 경우 한글/독일어낱말-들을 기반으로 하는 독립-축약된 의미를 기반으로 하는 언어구조를 이룬다①. 이 언어구조는 동시에 사회화과정을 통해 일반화된 언어의 연결방법에 의해 제어되는 현상을 보인다. 이 때 낱말로 대신 되는 의미구성체는 통사체의 연결규칙에 따른 기능에 따라 '품사'화되고② 이 두 언어형태는 나름의 도구를 이용한 연결구조를 갖는다. 이들이 사회화된 언어연결도구와 실현구조를 통해 표출되는 특정한 언어실현형태를 통사체Syntagma라 한다③. 이들의 연관의미를 요약하면 다음과 같은 구도를 그려볼 수 있다.

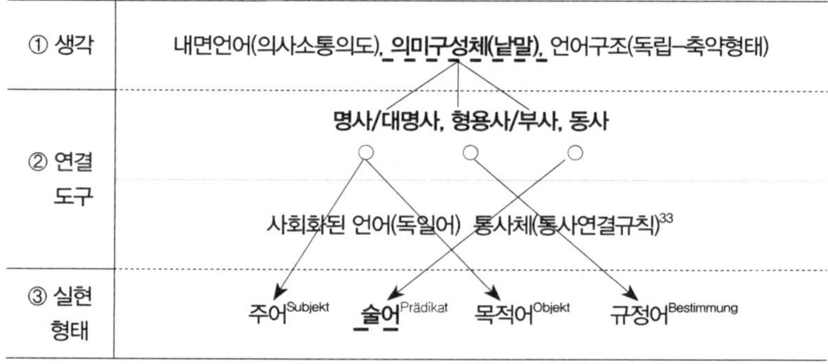

이 통사체는 사회화된 언어의 낱말과 이들의 특정한 조합을 통해 특정한 결합구조로 나타난다. 이때 나타나는 특정한 결합구조의 관계를 통사연결규칙 또는 통사체간의 관계Syntagmatische Beziehung라 한다.

통사체는 이를 이루는 '낱말'의 의미특성에 의해 결정지어진다. 특히, 내면언어에 나타나는 여러 '낱말' 중에서 주체의 행위, 과정 및 상태를 표현하는 낱말인 동사Verb를 중심으로 실현구도가 형성된다. 우리는 통사체에 동사가 나타나는 경우를 문장Satz이라는 용어를 사용하여 구분하고, 특히 동사가 통사체 안에서 그 중심기능인 '술어'역할을 할 때 동사(포함)문장Verbalsatz이라 한다.

내면언어의 순수 의미구성체인 낱말은 '누가/무엇이', '언제', '어디서', '무엇을', '어떻게', '왜'에 해당하는 의미와 그 화용특성에 따라 명사/대명사, 형용사/부사로 구분된다. 이들의 의미범주[Bedeutungskategorie]인 '누가/무엇이', '언제', '어디서', '무엇을', '어떻게', '왜'에 해당되는 낱말들은 같은/동일한 의미범주에 속하는 낱말들로 대치될 수가 있다. 이처럼 대치/교환이 가능한 낱말범주에 속하는 낱말을 치환계열체[Paradigma]이라 하고, 이들의 관계를 치환관계[Paradigmatische Beziehung]라 한다. 치환관계는 일반적으로 동일한 품사와 통사체의 전체의미를 바탕으로 연계되는 경향을 보인다.

낱말치환이 가능한 부분통사체(문장구성요소: 주어, 술어, 목적어, 규정어)가 사회화-일반화된 연결규칙(문법)에 벗어나지 않고 의사소통영역을 형성하면서 의사소통의도를 만족시키는 경우, 치환 가능한 낱말범주에 속하는 낱말(또는 품사)들은 치환범주관계를 형성한다. 이들의 관계를 시각화해보면 다음과 같은 그림을 얻을 수 있다.

독일어체계

낱말	≦	**문장**	≦	텍스트

입말	: 소 리
글말	: 문 자
구성요소	: 주어 술어 목적어 규정어
의미	: 누가 / 무엇을 / 언제 / 어디서 / 어떻게 / 왜 TUN; HABEN; SEIN
내면언어	: ICH MILCH GERN TRINKEN

⇩

독일어규범
낱말연결규칙(문장문법)

⇩

Ich trinke Milch gern.
Ich trinke gern Milch.
Milch trinke ich gern.
Gern trinke ich Milch.

의사소통표현형태[Sprachwerk]

통사체로 이해되는 의사소통표현형태[Sprachwerk], 즉 문장과 그 부분통사체인 문장구성요소 '주어, 술어, 목적어, 규정어' 그리고 '보충어'[Angaben] 등도 치환단위로 인식된다.

이런 치환범주관계에 있는 형태들의 재구성형태와 구성방법이 일반화-사회화된 독일어 구성요소의 연결규칙(문법) 및 의미규범과 어떤 관련성을 나타내고 있는지를 하나씩 하나씩 풀어가면서 이해하고 학습하는 과정이 '독일어 화용개요 시리즈'의 주요내용이라 할 수 있다.

참고문헌

Bußmann, Hadumod, 19902: Lexikon der Sprachwissenschaft. Stuttgart.

Duden 4, 20098: Die Grammatik. Mannheim/Zürich.

Duden 2006: Das Grundschulwörterbuch. Sag es besser! Mannheim/Zuärich.

Duden 2012: Das Grundschulwörterbuch. Mannheim/Zuärich.

Ehrhard/Heringer, 20113: Pragmatik. Parderborn.

Häublein/Müller/Rausch/Wertenschlag, 20016: MEMO. Berlin/New York.

Linke/Nussbaumer/Portmann, 19942: Studienbuch Linguistik. Tübingen.

Kessel/Reimann, 20124: Basiswissen-Deutsche Gegenwartssprache. Tübingen.

Kniffka/Siebert-Ott, 20123: Deutsch als Zweitsprache. Parderborn.

Maas, Utz, 1992: Grundzüge der deutschen Orthographie. Tübingen.

Maas, Utz, 1999: Phonologie. Opladen/Wiesbaden.

Wahrig, 2008: Großwörterbuch Deutsche als Fremdsprache. Gütersloh/ München/Berlin.

Yeo, J-M, 2005: Deutsche Phonologie und Morphologie als Problem für Koreaner. Hamburg.

여 종문, 2012: 독일어 화용개요 I. 독일어 소리. 서울/신아사

찾아보기

불규칙 동사변화

Infinitiv	3. Pers. Präs	Präteritum	Partizip Ⅱ	Bedeutungen in Koreanischen
anfangen	fängt an	fing an	hat angefangen	시작하다

Das Kind fängt an zu sprechen. <anfangen +zu 부정형>
Sie hat mit dem Geschirr angefangen. <anfangen +mit 3격 : (무엇을/무엇으로)시작하다 >

Infinitiv	3. Pers. Präs	Präteritum	Partizip Ⅱ	Bedeutungen in Koreanischen
ankommen	kommt an	kam an	ist angekommen	도착하다

Ich bin an der Uni angekommen.
Es kommt auf das Wetter an, ob er kommt.
<es kommt auf jn.[et.[4]] an (ob…) 누구[무엇]에 달려 있다, (…이) 요점이다, 문제이다.>

Infinitiv	3. Pers. Präs	Präteritum	Partizip Ⅱ	Bedeutungen in Koreanischen
anrufen	ruft an	rief an	hat angerufen	부르다, 통화하다

Ich habe zu Hause angerufen.
Ruf mich bitte morgen an ! <anrufen+4격>

Infinitiv	3. Pers. Präs	Präteritum	Partizip Ⅱ	Bedeutungen in Koreanischen
backen	bäckt	backte	hat gebacken	굽다

Der Bäcker hat ein Brot gebacken. <backen+4격>

Infinitiv	3. Pers. Präs	Präteritum	Partizip Ⅱ	Bedeutungen in Koreanischen
befehlen	befiehlt	befahl	hat befohlen	명령하다

Der General befahl den Rückzug.
Die Mutter befiehlt den Kinder, fleißig zu lernen. <befehlen +jm+etwas zu tun>

Infinitiv	3. Pers. Präs	Präteritum	Partizip Ⅱ	Bedeutungen in Koreanischen
beginnen	beginnt	begann	hat begonnen	시작하다

Das Mädchen beginnt zu weinen.
Ich beginne mit der Hausaufgabe. <beginnen+mit etw3격>

Infinitiv	3. Pers. Präs	Präteritum	Partizip Ⅱ	Bedeutungen in Koreanischen
beißen	beißt	biss	hat gebissen	깨물다, 덥석 물다

Die Katze beißt mich. <beißen+4격>
Die Frau biss in den Apfel. <beißen in 4격 : (음식, 과일)을 깨물다>

Infinitiv	3. Pers. Präs	Präteritum	Partizip Ⅱ	Bedeutungen in Koreanischen
bekommen	bekommt	bekam	hat/ist bekommen	얻다, 받다, ~한 결과가 되다, 적합하다

Ich **habe** einen Brief **bekommen.** <타동사>
Der Pilz **ist** den Patienten gut **bekommen.** <자동사>
<Jm. gut[schlecht, nicht] bekommen 누구의 건강에 좋다[나쁘다·효과 없다]>

Infinitiv	3. Pers. Präs	Präteritum	Partizip Ⅱ	Bedeutungen in Koreanischen
bergen	birgt	barg	hat geborgen	구조하다, 숨기다

Alle Passagiere des kaputte Busses konnten unverletzt geborgen werden.

betrügen	betrügt	betrog	hat betrogen	속이다, 기만하다

Du betrügst mich. <betrügen+4격>
Der Mann betrog die Frau um ihr ganzes Vermögen. <betrügen+jn um etwas>

biegen	biegt	bog	hat/ist gebogen	구부리다(haben) 커브를돌다(sein)

Die Arbeiter **haben** die Eisenstange **gebogen.** <타동사>
Der Radfahrer **ist** um die Ecke **gebogen.** <자동사>

bieten	bietet	bot	hat geboten	제공하다, 제의하다

Ein großes Auto bietet dem Fahrer mehr Komfort.
<3,4격 지배동사 : 4격 목적어를 꼭 가짐.>

binden	bindet	band	hat gebunden	매다, 묶다

Der Herr band seine Krawatte.

bitten	bittet	bat	hat gebeten	부탁하다, 청하다

Ich bitte meine Schwester, um die Hilfe. <j-n um etwas bitten : 누구에게 무엇을 부탁하다>
Ich bitte meine Schwester, <u>mir</u> zu <u>helfen.</u> <j-n(darum) bitten etwas zu tun>
▸ helfen 동사는 3격지배 동사이므로 mir 가 오게 된다.

blasen	bläst	blies	hat geblasen	(바람이) 불다, 연주하다

Der Wind bläst. <강풍이 분다는 의미이고 일반적으로 바람이 불다는 "wehen" Es weht. >
Meine Schwester blies die Flöte.

bleiben	bleibt	blieb	ist geblieben	머무르다

Die Großmutter ist zu Hause geblieben.

braten	brät/ du brätst	briet	hat gebraten	굽다

Die Mutter brät das Fleisch. <빵, 고기 따위를 굽다>

brechen	bricht	brach	hat/ist gebrochen	깨다, 부서지다

Der Kaufmann **hat** den Vertrag **gebrochen.** <타동사>
Der Mast des Schiffes **ist** bei starkem Wind **gebrochen.** <자동사-상태변화>

brennen	brennt	brannte	hat gebrannt	타다, 연소하다, 안달하다

Das Krankenhaus brennt.

bringen	bringt	brachte	hat gebracht	운반하다, 가져오다

Bringen Sie mir eine Tasse Kaffee.

denken	denkt	dachte	hat gedacht	생각하다

Ich denke oft an meine Kindheit. <denken an +4격 j-n / etwas>
Wie denken Sie über meinen Vorschlag? <über etwas denken : 심사숙고하다>

dringen	dringt	drang	hat/ist gedrungen	무엇을 하라고 강요 하다, 요구(주장)하다, 뚫고 나아가다, 밀고 나아가다

Der Lehrer **hat** den Studenten auf Antwort **gedrungen.** <타동사>
Das Wasser **ist** in den keller **gedrungen.** <장소이동 : 자동사>

empfehlen	empfiehlt	empfahl	hat empfohlen	추천하다, 권하다

Ich empfehle dir dieses Handy. <empfehlen + jm + etwas>
Der Arzt hat mir empfohlen, auf die Zigarette zu verzichten.
<empfehlen jm, etwas zu tun>
▸ verzichten + auf +ewtas (4격) :을 포기하다.

entscheiden	entscheidet	entschied	hat entschieden	결정하다

Ich kann mich nicht entscheiden, wohin ich in Urlaub fahren soll.
Sie hat sich über dieses Auto entschieden.
<sich über et.[in et.] entscheiden 무엇에 관하여 결심[결정]하다>

essen	isst	aß	hat gegessen	먹다

Wir gehen heute Pizza essen.

fahren	fährt	fuhr	hat/ist gefahren	~을 운전하다 ~를 타고가다

Er **hat** einen Mercedes **gefahren.** <타동사 : ~을 운전하다>
Sie **hat** ihre Kinder ins krankenhaus **gefahren.** <타동사 : 데리고 가다, 차로 나르다>
Sie **sind** mit dem Auto nach seoul **gefahren.** <자동사 : 차를 타고 가다.>

fallen	fällt	fiel	ist gefallen	떨어지다

Ein Apfel ist auf den Boden(die Erde) gefallen.

fangen	fängt	fing	hat gefungen	잡다, 붙잡다

Die Polizeien haben einen Dieb gefungen.

finden	findet	fand	hat gefunden	발견하다, 생각하다

Ich finde, dass meine Mutter sehr schön ist. <finden, dass 구문>
Der Herr hat seinen Geldbeutel noch nicht gefunden.

fliegen	fliegt	flog	hat/ist geflogen	날다, 비행하다, 비행기를 조종하다

Ich **bin** gestern nach Deutschland **geflogen**. <자동사>
Er **hat** diese Maschine noch nie **geflogen**. <타동사>

fliehen	flieht	floh	ist/hat geflohen	달아나다, 도망가다, 빨리 경과하다, 피하다, 멀리하다

Sie **sind** vor der Gefahr **geflohen**. <자동사>

Das Mädchen **hat** die Gesellschaft **geflohen**. <타동사>

fließen	fließt	floss	ist geflossen	흐르다

Die Wunde fließt.
Viel Wasser ist in diesen Jahren durch den Fluss geflossen.

frieren	friert	fror	hat/ist gefroren	춥다, 얼다

Ich **habe** an die Hände **gefroren.** <춥다, 차갑다>
Es friert mich., Mich friert <비인칭 동사 : 얼음이 얼다, 얼어붙다>
Der Fluss **ist gefroren.** <자동사 : 얼다, 결빙하다>

gären	gärt	gor	hat/ist gegoren	발효하다, 끓다, 발효하다

Der Wein ist klar gegeoren.

gebären	gebiert	gebar	hat geboren	낳다, 분만하다

Ich bin am 2. November geboren (worden). <geboren werden 태어나다>
Die Frau gebärt ihr erstes Kind.

geben	gibt	gab	hat gegeben	주다, 있다, 존재하다

Ich habe meiner Schwester das Geburtstagsgeschenk gegeben.
In diesem Fluss gibt es viele Fische. <es gibt 있다, 존재하다 : 비인칭동사>

gehen	geht	ging	ist gegangen	걷다, 가다

Ich gehe einkaufen. <eng : I go shopping.>
Wie geht's dir? Es geht. <자동사 : 비인칭 동사>
Das Maschine geht. <작동하다>
Ich bin mit meinem Freund ins Kino gegangen.

gelingen	gelingt	gelang	ist gelungen	잘되다, 성공하다

Das Werk gelingt.
Es ist mir gelungen. <3격 지배동사, 자동사>

gelten	gilt	galt	hat gegolten	가치가 있다, 유효하다

Er gilt als großer Künstler. <간주하다 : + als, für>
Jetzt gilt es, fleißig zu lernen. <무엇이 중요하다 : zu + 동사원형>

genießen	genießt	genoss	hat genossen	누리다, 향유하다, 먹다, 마시다, 얻다, 경험하다

Ich geniesse es, am Sonntag lange zu schlafen.

geschehen	geschieht	geschah	ist geschehen	일어나다, 생기다, 벌어지다
Geschehen ist geschehen.				
gewinnen	gewinnt	gewann	hat gewonnen	이기다, 이익을 보다
Er hat mit 3:0 gegen sein Freund gewonnen. Ich habe im Lotto gewonnen.				
gießen	gießt	goss	hat gegossen	붓다, 따르다, 쏟다, 흘리다
Die Lehrerin hat Kaffee in die Tassen gegossen. Der Mann gießt die Blumen.				
gleichen	gleicht	glich	hat geglichen	닮다, 비슷하다
Er gleicht seinem Vater.				<3격 지배 동사, 자동사>
graben	gräbt	grub	hat gegraben	파다, 캐다, 파고 들다
Er grub so lange, bis er auf Fels stieß.				<stoßen + auf : ~와 부딪히다>
greifen	grieft	griff	hat gegriffen	잡다, 정기적으로 행하다
Das Kind griff änstlich nach der Hand der Mutter.				
haben	hat	hatte	hat gehabt	가지다, 배우다
Meine Schwester hat ein Auto.				<대표적인 행위표시 타동사>
halten	hält	hielt	hat gehalten	행하다, 멈추다, 붙잡다, 오래가다, 질기다
Diese Schuhe hält so lange. Der Zug hält nicht hier.				
hängen	hängt	hing	hat gehangen	걸려있다, 집착하다
Das Bild hängt an der Wand.				<hängen + an + 3격> <hängen : 자동사>
hauen	hauet	hieb	hat gehauen	베다, 때리다, 치다
Der Bauer hieb Holz.				<타동사>
heben	hebt	hob	hat gehoben	올리다, 받아들이다
Der Student hebt die Stimme.				<타동사>
heißen	heißt	hieß	hat geheißen	~라 불리다, 이름을 붙이다
Wie heißen Sie?				

helfen	hilft	half	hat geholfen	돕다, 도움이 되다, 유용하다, 유익하다, 효과가 있다
Kannst du mir helfen?				<3격 지배 자동사>
kennen	kennt	kannte	hat gekannt	알다
Der Freund kennt ihre Telefonnummer.				<kennen lernen : 아는 사이가 되다, 무엇을 알게 되다>
klingen	klingt	klang	hat geklungen	(소리가)울리다
Die Glocken klingen hell.				<형용사 hell : 맑은, 밝은> <자동사>
kneifen	kneift	kniff	hat gekniffen	(꼬)집다
Das Kind kneift an seinen Arm.				<jn. in den Arm kneifen : ~의 팔을 꼬집다.>
kommen	kommt	kam	ist gekommen	오다, ~ 출신이다
Ich komme aus Berlin. Er kommt nach Hause.				<자동사>
können	kann	konnte	hat gekonnt	~ 할 수 있다, ~일 수도 있다
Ich kann Deutsch gut sprechen. ▶ 다른 동사와 함께 사용될 때는 화법조동사 + 동사원형의 형태로 사용된다.				<화법조동사>
kriechen	kriecht	kroch	ist gekrochen	기다
Sein Bruder kriecht ins Bett.				
laden	lädt	lud	hat geladen	(짐을)싣다, 소환하다
Er lud ins Schiff.				<jn. als Zeugen laden 누구를 증인으로 소환하다 = (vorladen) 소환하다> <jn. zum Essen laden 누구를 식사에 초대하다 = (einladen) 초대하다, 권유하다>
lassen	läßt	ließ	hat gelassen	~하게 하다, 허용하다
Die Mutter läßt die Tochter einkaufen. Ich lasse meine Hose reinigen.				<사역동사로서 시키다, ~하게 하다>
laufen	läuft	lief	ist gelaufen	달리다, 상영되다, 유효하다
Der Hund läuft sehr schnell.				
leiden	leidet	litt	hat gelitten	시달리다, 견디다
Die Kinder leiden an Unterernährung.				<leiden + an>
leihen	leiht	lieh	hat geliehen	빌려주다, 빌리다

<table>
<tr><td colspan="5">Kannst du mir das Buch bis morgen leihen?
Ich habe mir das Auto von einem Freund geliehen.</td></tr>
<tr><td>lesen</td><td>liest</td><td>las</td><td>hat
gelesen</td><td>읽다, 독해하다, 따다, 수확하다</td></tr>
<tr><td colspan="5">Der Freund hat ein Buch gelesen. <타동사></td></tr>
<tr><td>liegen</td><td>liegt</td><td>lag</td><td>hat/(ist)
gelegen</td><td>놓여 있다, 있다</td></tr>
<tr><td colspan="5">Er hat in seinem Bett gelegen.</td></tr>
<tr><td>lügen</td><td>lügt</td><td>log</td><td>hat
gelogen</td><td>거짓말하다, 허위를 말하다</td></tr>
<tr><td colspan="5">Der Lehrer lügt immer.</td></tr>
<tr><td>mahlen</td><td>mahlt</td><td>mahlte</td><td>hat
gemahlen</td><td>빻다, 갈다</td></tr>
<tr><td colspan="5">Die Bohne mahlt zu Pulver. <et. zu Pulver mahlen : 무엇을 가루로 갈다[빻다]></td></tr>
<tr><td>meiden</td><td>meidet</td><td>mied</td><td>hat
gemieden</td><td>피하다, 기피하다</td></tr>
<tr><td colspan="5">Ich meidet schlechte Gesellschaft. <타동사></td></tr>
<tr><td>messen</td><td>mißt</td><td>maß</td><td>hat
gemessen</td><td>재다, 달다, 평가하다</td></tr>
<tr><td colspan="5">Er mißt die Länge von der Hose.
<(jn.[et.] an Jm.[et.]) (누구[무엇]에 견주어 누구를[무엇을]) 평가하다></td></tr>
<tr><td>misslingen</td><td>misslingt</td><td>misslang</td><td>ist
misslulngen</td><td>실패하다</td></tr>
<tr><td colspan="5">Alles misslingt mir. <자동사, 비인칭 동사></td></tr>
<tr><td>mögen</td><td>mag</td><td>mochte</td><td>hat
gemocht</td><td>화법조동사 ; ~일지 모른다, 하고 싶다, 좋아하다</td></tr>
<tr><td colspan="5">Die Kinder mögen Pizza. <4격 지배 동사의 독립동사 : 좋아하다>
Ich mag nicht ins Kino gehen.
Ich mag diesen Kuchen nicht.
Ich mag es ihm nicht sagen.</td></tr>
<tr><td>müssen</td><td>muss</td><td>musste</td><td>hat
gemusst</td><td>~해야 한다, ~하지 않으면 안된다</td></tr>
<tr><td colspan="5">Wir müssen eine Strafe zahlen.
Sie muss bald kommen.
Alle Menschen müssen sterben. <자연적, 도덕적 필연성></td></tr>
<tr><td>nehmen</td><td>nimmt</td><td>nahm</td><td>hat
genommen</td><td>잡다, 받다, 먹다</td></tr>
<tr><td colspan="5">Er muss das Medikament (ein)nehmen.</td></tr>
<tr><td>nennen</td><td>nennt</td><td>nannte</td><td>hat
genannt</td><td>명명하다, ~라고 부르다</td></tr>
</table>

Der Vater nannte <u>seine Tochter</u> <u>Rosa.</u> <4격 목적어를 두개 취하는 동사>
▶ seine Tochter와 Rosa 두 단어 모두 다 4격 목적어이다.

quellen	quillt	quoll	ist gequollen	(물이)솟다

Blut quillt aus der Wunde. <자동사>

raten	rät	riet	hat geraten	조언하다

Ich habe ihm geraten, fleißig zu lernen.

reiben	reibt	rieb	hat gerieben	문지르다, 마찰하다, 비비다

Sie reibt an ihre Haare. <an[in, über] et. reiben 무엇을 문지르다>

reißen	reißt	riß	hat/(ist) gerißen	찢다, 사납게 잡아당기다

Ich habe ein Buch in Stücke gerissen. <et. in Stücke reißen : 무엇을 갈기갈기 찢다>
Papier ist leicht gerißen.

reiten	reitet	ritt	ist/hat geritten	말 타다

Er reitet auf dem Esel. <자동사>

rennen	rennt	rannte	ist gerannt	달리다, 뛰다, 찌르다, 밀치다

Ich bin bis hierher gerannt. <자동사>

riechen	riecht	roch	hat gerochen	냄새나다, 풍기다

Sie riecht an die Blumen. <(an et.) 냄새를 맡아보다>
<nach et. riechen 무엇의 냄새가 나다>

ringen	ringt	rang	hat gerungen	격투하다

Der Student ringt mit seinem Freund. <mit Jm. [gegen jn.] ringen : 누구와 격투하다>

rinnen	rinnt	rann	ist geronnen	흐르다, 새다

Tränen rinnen übers Gesicht.<(+sein) (천천히) 흐르다, 듣다;(방울져) 떨어지다, 새어 나오다>
Das Blut ist aus der Wunde geronnen. (+haben) 새다, 물이 흘러나오다>

rufen	ruft	rief	hat gerufen	부르다, 외치다, 소리치다

Ich habe nach meiner Mutter gerufen. <자동사>
Ich lasse den Arzt rufen. <타동사>

salzen	salzt	salzte	hat gesalzen	소금에 절이다

Er hat die Suppe zu stark gesalzen. <타동사>
Die suppe ist stark gesaltzen.

saufen	säuft	soff	hat gesoffen	(짐승이)마시다

<table>
<tr><td colspan="5">Er gibt den Pferden zu saufen.</td></tr>
<tr><td>saugen</td><td>saugt</td><td>sog</td><td>hat gesogen</td><td>빨아들이다, 빨아먹다</td></tr>
<tr><td colspan="5">Milch durch einen Strohhalm saugen.
Das Baby saugt ander Brust der Mutter.</td></tr>
<tr><td>schaffen</td><td>schafft</td><td>schuf</td><td>hat geschaffen</td><td>창조하다, 만들어내다</td></tr>
<tr><td colspan="5">Mein Onkel schafft am Bau.
Gott schuf den Menschen.</td></tr>
<tr><td>scheiden</td><td>scheidet</td><td>schied</td><td>hat/ist geschieden</td><td>나누다, 가르다, 이혼시키다</td></tr>
<tr><td colspan="5">Er lässt sich von seiner Frau scheiden. <sich (von Jm.) scheiden lassen (누구와) 이혼하다></td></tr>
<tr><td>scheinen</td><td>scheint</td><td>schien</td><td>hat geschienen</td><td>비치다</td></tr>
<tr><td colspan="5">Die Sonne schien mir ins Gesicht. <자동사 : 빛나다>
Der Lehrer scheint sehr krank zu sein. <자동사 : (처럼) 보이다, 여겨지다, …인 듯하다></td></tr>
<tr><td>schelten</td><td>schilt</td><td>schalt</td><td>hat gescholten</td><td>꾸짖다</td></tr>
<tr><td colspan="5">Der Lehrer hat sein Verhalten gescholten. <타동사></td></tr>
<tr><td>schieben</td><td>schiebt</td><td>schob</td><td>hat geschoben</td><td>밀다, 밀치다, 미루다</td></tr>
<tr><td colspan="5">Ganz langsam hebt sie den linken Fuss, schiebt ihn nach vorn und tastet vorsichtig nach Halt.</td></tr>
<tr><td>schießen</td><td>schießt</td><td>schoß</td><td>hat geschossen</td><td>쏘다, 사격하다, 던지다, 쏘아올리다</td></tr>
<tr><td colspan="5">Er schießt mit Pfeile.
Mein Freund schießt den Apfel sicher.</td></tr>
<tr><td>schlafen</td><td>schläft</td><td>schlief</td><td>hat geschlafen</td><td>잠을 자다</td></tr>
<tr><td colspan="5">Ich schlafe lange.
Vor 5 Stunden hat meine Schwester geschlafen.</td></tr>
<tr><td>schlagen</td><td>schlägt</td><td>schlug</td><td>hat geschlagen</td><td>치다, 두들기다, 때리다</td></tr>
<tr><td colspan="5">Die alte Frau hat den Student mit dem Stock geschlagen. <타동사></td></tr>
<tr><td>schleifen</td><td>schleift</td><td>schliff</td><td>hat geschliffen</td><td>갈다, 연마하다</td></tr>
<tr><td colspan="5">Die Köchin schleift eine Messer.</td></tr>
<tr><td>schließen</td><td>schließt</td><td>schloß</td><td>hat geschlossen</td><td>닫다, 잠그다, 걸다, 폐쇄하다</td></tr>
<tr><td colspan="5">Ich habe den Fenster geschlossen.</td></tr>
<tr><td>schlingen</td><td>schlingt</td><td>schlang</td><td>hat geschlungen</td><td>휘감다, 얽다, 매다, 짜다</td></tr>
<tr><td colspan="5">Die Großmutter schlingt einen Knoten.</td></tr>
</table>

schmeißen	schmeißt	schmiß	hat geschmissen	내던지다
Voller Wut schmeißt er den Teller auf den Teller auf den Boden.				
schmelzen	schmilzt	schmolz	hat/ist geschmolzen	녹다, 용해하다, 누그러지다
Der Schnee ist in der Sonne geschmolzen.				
schneiden	schneidet	schnitt	hat geschnitten	자르다
Zum Geburtstag hat mein Freund seinen kuchen geschnitten. Ich habe einen Papier geschnitten.				
schrecken	schrickt	schrak	ist geschrocken	놀라다, 벌떡 일어나다, 겁주다
Das Baby schrickt aus dem Schlaf (einen Traum).				
schreiben	schreibt	schrieb	hat geschrieben	(글을)쓰다
Ich habe gestern meiner Mutter einen Brief geschrieben.				
schreien	schreit	schrie	hat geschrien	외치다, 큰 소리로 부르다
Das Baby schrie vor Hunger.				
schreiten	schreitet	schritt	ist geschritten	걷다, 보행하다, 시작하다
Meine Freundin schreitet feierlich.				
schweigen	schweigt	schwieg	hat geschwiegen	침묵하다
Er schweigt auf alle Frage. Sie schweigt zu seine Lüge. <zu et. schweigen : 무엇에 관해 침묵을 지키다>				
schwellen	schwillt	schwoll	ist geschwollen	부풀다, 팽창하다, 높아지다
Der Fluss schwillt. Die Stirnader schwoll ihm vor Zorn.				
schwimmen	schwimmt	schwamm	ist geschwommen	헤엄치다, 수영하다
Ich kann gut schwimmen. Er ist über den See geschwommen. <+sein : 헤엄쳐 가다>				
schwinden	schwindet	schwand	ist geschwunden	사라지다
Mir ist aller Mut geschwunden. Die Farben schwinden.				
schwören	schwört	schwor	hat geschworen	맹세하다, 선서하다, 약속하다
Er hat ihr einen Meineid geschworen. Er hat ihm geschworen, dass er nicht mehr raucht.				

<table>
<tr><td>sehen</td><td>sieht</td><td>sah</td><td>hat
gesehen</td><td>보다</td></tr>
<tr><td colspan="5">Siehst du das Verkehrsschild?
Ich habe gestern ein Bild gesehen.</td></tr>
<tr><td>sein</td><td>ist</td><td>war</td><td>ist
gewesen</td><td>있다, ~이다</td></tr>
<tr><td colspan="5">Meine Freundinnen sind zur Zeit in Berlin.
Ich bin in Deutschland gewesen.
Sei ruhig!</td></tr>
<tr><td>senden</td><td>sendet</td><td>sandte</td><td>hat
gesandt</td><td>보내다, 방송하다,
발신하다</td></tr>
<tr><td colspan="5">Der Friseur hat seinem Bruder ein Paket gesandt. <sendete, gesendet로도 사용 가능하다.></td></tr>
<tr><td>sieden</td><td>siedet</td><td>sott</td><td>hat
gesotten</td><td>끓다, 끓이다</td></tr>
<tr><td colspan="5">Waser siedet bei 100℃.
Wie lange haben die Eier gesotten?</td></tr>
<tr><td>singen</td><td>singt</td><td>sang</td><td>hat
gesungen</td><td>노래하다</td></tr>
<tr><td colspan="5">Sie singt ein Lied zum Klavier.
Wir singen im Chor.
Meine Mutter singt ein Kind in den Schlaf.</td></tr>
<tr><td>sinken</td><td>sinkt</td><td>sank</td><td>ist
gesunken</td><td>가라앉다, 내려앉다,
떨어지다, 넘어지다</td></tr>
<tr><td colspan="5">Das Flugzeug sinkte allmählich. <자동사 + sein>
Langsam sinken die Blätter zur Erde.</td></tr>
<tr><td>sitzen</td><td>sitzt</td><td>sass</td><td>hat
gessesen</td><td>앉아있다</td></tr>
<tr><td colspan="5">Die Katze sitzt auf Parkbank.
Das Wirtshaus sitzt voller Gäste.
Die Germanen saßen an beiden Ufern des Rheins. <거주하고 있다></td></tr>
<tr><td>sollen</td><td>soll</td><td>sollte</td><td>hat
gesollt</td><td>~ 해야 한다</td></tr>
<tr><td colspan="5">Ich soll ein Medikament nehmen.
Er soll fleißig lernen.</td></tr>
<tr><td>spalten</td><td>spaltet</td><td>spaltete</td><td>hat
gespalten</td><td>쪼개다, 분열시키다,
분해하다</td></tr>
<tr><td colspan="5">Der Junge spaltet einen Apfel.
Die Partei hat sich gespalten. <재귀동사 : sich spalten 쪼개지다, 갈라지다, 분열되다></td></tr>
<tr><td>speien</td><td>speit</td><td>spie</td><td>hat
gespie(e)n</td><td>침 뱉다, 토하다
구토하다</td></tr>
<tr><td colspan="5">Der schlechte Mensch speit auf den Boden.</td></tr>
<tr><td>spinnen</td><td>spinnt</td><td>spann</td><td>hat
gesponnen</td><td>잣다, 헛소리하다</td></tr>
</table>

<table>
<tr><td colspan="5">Sie sitzt am Spinnrad und spinnt.</td></tr>
<tr><td>sprechen</td><td>spricht</td><td>sprach</td><td>hat
gesprochen</td><td>말하다, 이야기하다,
나타나다, 보이다</td></tr>
<tr><td colspan="5">Wir haben über seine Studienpläne gesprochen. <sprechen + mit + 3격></td></tr>
<tr><td>sprießen</td><td>spriesst</td><td>spross</td><td>ist
gesprossen</td><td>싹트다, 발생하다,
생기다</td></tr>
<tr><td colspan="5">Die ersten Knospen sprießen.
Der Bart beginnt zu sprießen.</td></tr>
<tr><td>springen</td><td>springt</td><td>sprang</td><td>ist
gesprungen</td><td>뛰어오르다</td></tr>
<tr><td colspan="5">Er springt aus einem fahrenden Zug springen.
Sie springt aus dem Bett.</td></tr>
<tr><td>stechen</td><td>sticht</td><td>stach</td><td>hat
gestochen</td><td>꽂혀있다, 찌르다,
물다, 쏘다</td></tr>
<tr><td colspan="5">Jetzt habe ich mich mit der Nadel in den Finger gestochen.
Löcher in Papier stechen.</td></tr>
<tr><td>stehen</td><td>steht</td><td>stand</td><td>hat/ist
gestanden</td><td>서 있다</td></tr>
<tr><td colspan="5">Sie stand, währen der saß.
Das Kleid steht ihr gut. <옷 따위가 어울리다, 알맞다></td></tr>
<tr><td>stehlen</td><td>stiehlt</td><td>stahl</td><td>hat
gestohlen</td><td>훔치다, 유괴하다</td></tr>
<tr><td colspan="5">Der Dieb hat ihr einen Diamantring gestohlen.</td></tr>
<tr><td>steigen</td><td>steigt</td><td>stieg</td><td>ist
gestiegen</td><td>오르다, 상승하다,
솟구치다</td></tr>
<tr><td colspan="5">Das Blut stieg ihr ins Gesicht. <솟구치다, 밀려올라오다>
Der alte Mann steigt auf den Berg.</td></tr>
<tr><td>sterben</td><td>stirbt</td><td>starb</td><td>ist
gestorben</td><td>죽다, 죽이다</td></tr>
<tr><td colspan="5">Wenn ich gestorben werde, bin ich ein Baum.
Der Lehrer ist gestern gestorben.</td></tr>
<tr><td>stieben</td><td>stiebet</td><td>stob</td><td>ist/hat
gestoben</td><td>흩어지다</td></tr>
<tr><td colspan="5">Im Wald stob der Schnee.
Der Sand stiebt durch die Luft. <자동사></td></tr>
<tr><td>stinken</td><td>stinkt</td><td>stank</td><td>hat
gestunken</td><td>악취가 나다</td></tr>
<tr><td colspan="5">Seine Füße stinken fürchterlich.
Es stinkt nach Schwefel.</td></tr>
<tr><td>stoßen</td><td>stößt</td><td>stieß</td><td>ist/hat
gestoßen</td><td>마주치다, 밀치다</td></tr>
<tr><td colspan="5">Bei der Lektüre bin ich auf ein interessantes Problem gestoßen.
Der Stier hat mit den Hörnern nach ihm gestoßen.
<jmdn. + mit +3격 +stoßen :...로 밀치다></td></tr>
</table>

streichen	streicht	strich	hat gestrichen	쓰다듬다, 배회하다

Sie streicht Butter aufs Brot.
Meine Famili streichen die Wände zu Hause.

streiten	streitet	stritt	hat gestritten	다투다

Sie streiten über Abendessen.
Wir streiten uns. <sich + streiten : 서로 싸우다>
Er hat mit seinem Freund gestritten. <mit + 3격 + streiten : 누구와 싸우다>

tragen	trägt	trug	hat getragen	나르다, 지니다, 착용하다

Sie hat eine Maske getragen.

treffen	trifft	traf	hat getroffen	맞추다, 만나다

Wir haben auf dem Spaziergang niemand getroffen.
Er trifft seinen Freund mit der Faust ins Auge.

treiben	treibt	trieb	hat getrieben	쫓다, 몰아대다

Die Mutter treibt ihrer Tochter fleißig zu lernen.

triefen	trieft	troff	hat getroffen	(뚝뚝) 떨어지다

Der Regen trieft.

trinken	trinkt	trank	hat getrunken	마시다, 받아들이다, 흡수하다

Ich habe gestern eine Tasse Tee getrunken.

trügen	trügt	trog	hat getrogen	속이다, 기만하다

Das Kind hat seine Mutter getrogen.

tun	du tust er tut	tat	hat getan	행하다, 작용하다, 효과가 있다.

Es tut mir leid. <작용하다, 효과가 있다>
Was kann ich für Sie tun?

verderben	verdirbt	verdarb	ist/hat verdorben	상하다, 망하다

Das Fleisch ist verdorben.
Die Reingung hat das Kleid verdorben.

verdrießen	verdrießt	verdorß	hat verdrossen	불쾌하게 하다

Ihre Antwort verdross mich.
<sich et. nicht verdrießen lassen 무엇을 꺼리지[싫어하지] 않다>

vergessen	vergißt	vergaß	hat vergessen	잊다

<table>
<tr><td colspan="5">Vergiss mich nicht.
Er vergisst über dem Spielen das Essen.</td></tr>
<tr><td>verlieren</td><td>verliert</td><td>verlor</td><td>hat
verloren</td><td>잃다, 지다</td></tr>
<tr><td colspan="5">Mein Freund hat seinen Regenschirm verloren.
Sie haben einen Krieg verloren.</td></tr>
<tr><td>verzeihen</td><td>verzeiht</td><td>verzieh</td><td>hat
verziehen</td><td>용서하다,
관대히 봐주다</td></tr>
<tr><td colspan="5">Verzeihen Sie! <타동사 + jm. + et.></td></tr>
<tr><td>wachsen</td><td>wächst</td><td>wuchs</td><td>ist
gewachsen</td><td>자라다</td></tr>
<tr><td colspan="5">Das Kind ist inzwischen vier Zentimeter gewachsen.
Unkraut ist üppig gewachsen.</td></tr>
<tr><td>waschen</td><td>wäscht</td><td>wusch</td><td>hat
gewaschen</td><td>씻다</td></tr>
<tr><td colspan="5">Sie wäscht jede Woche.
Die alte Frau wäscht sich warm.</td></tr>
<tr><td>weben</td><td>webt</td><td>wob</td><td>hat
gewoben</td><td>(직물을) 짜다,
뜨개질을 하다</td></tr>
<tr><td colspan="5">Die Spinnen weben ihre Neste.</td></tr>
<tr><td>weichen</td><td>weicht</td><td>wich</td><td>ist
gewichen</td><td>물러나다</td></tr>
<tr><td colspan="5">Sie wich nicht von seiner Seite.
Der Winter weicht dem Frühling. <무엇, 누구에게 자리를 내주다></td></tr>
<tr><td>weisen</td><td>weist</td><td>wies</td><td>hat
gewiesen</td><td>가리키다, 보여주다,
가도록 지시하다</td></tr>
<tr><td colspan="5">Die Sache wird an das Landgericht gewiesen.
Der Zeiger weist richtig.
<mit dem Finger auf jn. weisen a) 누구를 가리키다 b) 누구에게 손가락질하다></td></tr>
<tr><td>wenden</td><td>wendet</td><td>wandte</td><td>hat
gewandt</td><td>(방향을) 돌리다</td></tr>
<tr><td colspan="5">Ich wende mich wegen der Miete an das Sozialamt. <sich wenden +an + 4격>
Ich wende mich gegen die falschen Vorwürfe. <wenden sich + gegen></td></tr>
<tr><td>werben</td><td>wirbt</td><td>warb</td><td>hat
geworben</td><td>구하다, 광고하다</td></tr>
<tr><td colspan="5">Die Lehrerin hat um ihr Verständnis geworben.
<um js. Verständnis werben : 누구의 이해를 얻으려고 애쓰다></td></tr>
<tr><td>werden</td><td>wird</td><td>wurde</td><td>ist
geworden</td><td>되다</td></tr>
<tr><td colspan="5">Sie wird bald Mutter.
Es wird schon richtig sein.
<때의 조동사로서 부정사[완료부정사]와 결합하여 미래[미래완료]를 만듦></td></tr>
<tr><td>werfen</td><td>wirft</td><td>warf</td><td>hat
geworfen</td><td>던지다</td></tr>
</table>

<table>
<tr><td colspan="5">Sie wirft die Würfel.
Die Hündin hat drei Junge geworfen. <포유동물이 새끼를 낳다></td></tr>
<tr><td>wiegen</td><td>wiegt</td><td>wog</td><td>hat
gewogen</td><td>무게가 …이다</td></tr>
<tr><td colspan="5">Ein Kind hat 5 Kilo gewogen.
Alle Kinder wurden gewogen.</td></tr>
<tr><td>winden</td><td>windet</td><td>wand</td><td>hat
gewunden</td><td>(휘)감다</td></tr>
<tr><td colspan="5">Die Mutter windet aus Blumen einen Kranz.</td></tr>
<tr><td>wissen</td><td>weiß</td><td>wußte</td><td>hat
gewußt</td><td>알고 있다</td></tr>
<tr><td colspan="5">Ich weiß nicht, ob der Zug aus Hamburg hier anhält.</td></tr>
<tr><td>wollen</td><td>will</td><td>wollte</td><td>hat
gewollt</td><td>원하다</td></tr>
<tr><td colspan="5">Sie wollen nach Rom fliegen.
Sie will nichts von dir.
Ich habe von dir nichts gewollt.</td></tr>
<tr><td>wringen</td><td>wringt</td><td>wrang</td><td>hat
gewrungen</td><td>(빨래를) 짜다</td></tr>
<tr><td colspan="5">Die Großmutter wringt ein Handtuch fest.</td></tr>
<tr><td>ziehen</td><td>zieht</td><td>zog</td><td>hat/ist
gezogen</td><td>끌다, 이동하다</td></tr>
<tr><td colspan="5">Ich zieht Geld aus einer Bank.
Die Pflanze zieht ihre Nahrung aus dem Boden.
Sie hat ihn ins andere Zimmer gezogen.
Die Soldaten sind ins Manöver gezogen.
Die Schwalben sind nach Süden gezogen.</td></tr>
<tr><td>zwingen</td><td>zwingt</td><td>zwang</td><td>hat
gezwungen</td><td>강요하다</td></tr>
<tr><td colspan="5">Ich lasse mich zu nichts zwingen.
<zwingend 분사적 형용사 : 강제적인, 불가항력적인, 부득이한></td></tr>
</table>

여종문

전북 군산에서 태어나 대한민국/영국/독일에서 공부하고, 독일정부의 지원을 받아 학-석사(독어학/영어학), 박사(독어학) 과정을 거쳤다. 독일의 모교인 하노버대학교 독어독문학과 강사를 거쳐 지금은 대한민국 모교인 전북대학교 인문대학 독어독문학과 교수로 일하고 있다.

〈저서〉
Deutsche Phonologie und Morphologie als Problem für Koreaner. 2005. Hamburg
Textpragmatik, Textfunktion, Textanalyse. 2003. Frankfurt a. M.

〈논문〉
Das Analysemodell für Gebrauchstexte,
Die "-er-Plurale" im Deutschen,
Zur Funktion des deutschen Verbs 'werden', etc.

독일어 화용개요 II
독일어 낱말과 발음연습
Übungen zu den deutschen
Sprechlauten und Wörtern

1판 1쇄 발행 _ 2013년 2월 28일
1판 2쇄 발행 _ 2021년 3월 10일

저　　자 • 여 종 문
발 행 인 • 정 현 걸
발　　행 • 신 아 사
인　　쇄 • 대명프린팅
출판등록 • 1956년 1월 5일 (제9-52호)
주　　소 • 서울특별시 은평구 통일로59길4 2F
전　　화 • 02)382-6411 · 팩스 02)382-6401
홈페이지 • www.shinasa.co.kr
E-MAIL • shinasa@daum.net

ISBN 978-89-8396-800-5(93750)

정가 **10,000원**